文章読解に

強くなる

学習指導要領対応

KUMON

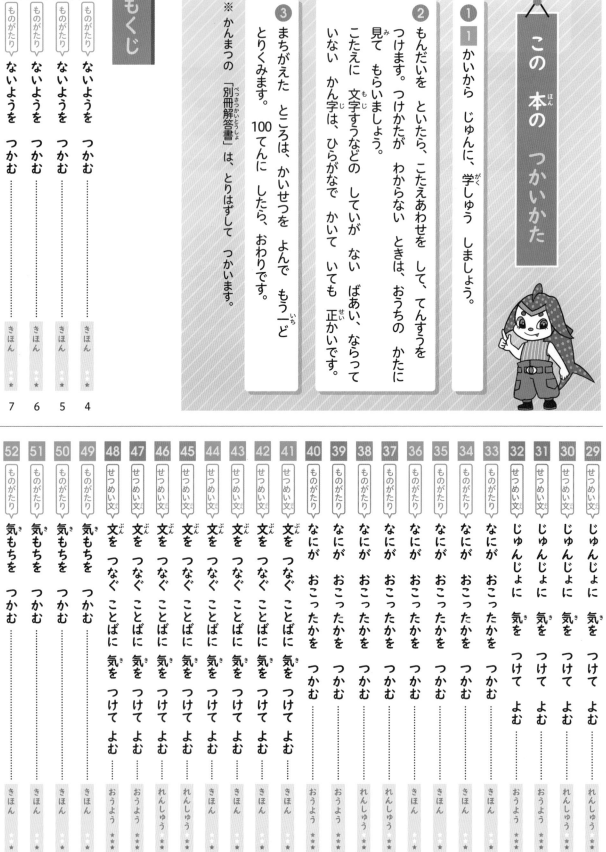

この本のつかいかた

① 1かいから じゅんに、学しゅう しましょう。

② もんだいを といたら、こたえあわせを して、てんすうを つけます。つけかたが わからない ときは、おうちの かたに 見て もらいましょう。こたえに 文字すうなどの していが ない ばあい、ならって いない かん字は、ひらがなで かいて いても 正かいです。

③ まちがえた ところは、かいせつを よんで もう一ど とりくみます。100てんに したら、おわりです。

※ かんまつの「別冊解答書」は、とりはずして つかいます。

もくじ

1 ものがたり

ないようを　つかむ

きほん ★★★

てん

◆つぎの　文しょうを　よんで　こたえましょう。

ゆうかは、日よう日に　かぞくで
うみへ　いきました。
うみは、お日さまの　ひかりを
あびて、きらきらして　いました。
うきわで　ぷかぷか　うかびながら、
ゆうかは、まい日　うみで
あそべたら　いいのにな、と
おもいました。
「あ、そうだ。あした、
うみの　えを　かこう。」
ゆうかは　いいました。

（かき下ろし）

「いつ」や「どこ」に
気を　つけて　よみましょう。

1 ゆうかは、いつ　うみへ
いきましたか。（50てん）

［　　　　　　］

2 ゆうかは、あした、なにを
しようと　いいましたか。（50てん）

［　　　　　　］を　かこう。

2 ものがたり

ないようを　つかむ

きほん ★★★

てん

◆つぎの　文しょうを　よんで　こたえましょう。

こまったさんの　おみせは、えきの　まえです。小さな　小さな　花やさんです。

さむい　日でした。おみせの　そとは、ビューロキュルルル、風が　ふきまわって　いました。

「きょうは、はやく　おみせを　しまおう。」

こまったさんは、そうじを　はじめました。

そこへ、でんわです。男の子の　こえです。

（寺村輝夫『こまったさんのシチュー』あかね書房）

❶ こまったさんの　おみせは、どこに　ありますか。（一つ25てん）

（　　　　）の（　　　　）。

ばしょを　あらわす　ことばを　さがして　みよう。

❷ どんな　日の　できごとですか。（25てん）

（　　　　）日。

❸ こまったさんは、なにを　しましたか。（25てん）

（　　　　）を　はじめた。

ないようを つかむ

きほん ★★★

てん

◆つぎの 文しょうを よんで こたえましょう。

ある 日の ことです。おにの こが、森で マフラーを あんで いました。おにの こは、おかあさんに あみかたを おしえて もらった ばかりで、まだ あまり うまく あめません。

「おにさん、とっても じょうずね。」

木の 上から、りすが するすると おりて きて いいました。

「えへへ。どうも ありがとう。」

おにの こは、すこし はずかしそうに いいました。

（かき下ろし）

だれが なにを したかに 気を つけて よみましょう。

1 おにの こは、なにを して いましたか。（50てん）

森で （　　　　） を あんで いた。

2 「おにさん、とっても じょうずね。」と いったのは、だれですか。（50てん）

（　　　　）

——の あとの 文を よく よもう。

4 ものがたり

ないようを　つかむ

きほん ★

てん

◆つぎの　文しょうを　よんで　こたえましょう。

あさ　はやく、レストラン・ヒバリの
ドアを　たたく　おとが　します。
「きょうは、おやすみですよ。」
アッチが、ねむたい　目を
こすりながら　ドアを　あけると、
ドラキュラの　まごむすめの
ドララちゃんと、小さな
女の子が、たって　いました。
はあはあと　いきを
はずませて　います。
「アッチ、たいへんなのよ。」
ドララちゃんが　いいました。

（角野栄子『おばけのアッチ　あかちゃんはドドン！』ポプラ社）

❶ ドアを　あけたのは、だれですか。（25てん）

（　　　　）

「ドアを　あけると、」と　いう　ことばの　まえを　よもう。

❷ ドアを　あけると、だれが　たって　いましたか。（一つ25てん）

ドラキュラの　まごむすめの（　　　　）と、
小さな（　　　　）。

❸ ドララちゃんは、なんと　いいましたか。（25てん）

「アッチ、（　　　　）。」

5 ものがたり

ないようを つかむ

れんしゅう ★★★

てん

◆つぎの 文しょうを よんで こたえましょう。

九月の よく はれた 日の、あさの
ことです。げんかんの まえで、
おばあさんが つぶやきました。
「あら、バケツが ないわ。」
ドアの そばに おいて ある
はずの、青い バケツが ありません。
その バケツは、きょ年の たん生日に、
まごの ななちゃんが プレゼントして
くれた ものでした。
「どう しよう。こまったわ。」
おばあさんは、きょろきょろしながら、
いえの まわりを さがして みました。
すると、いえの うらの はたけに、

1 おばあさんの バケツが なくなって いたのは、いつの ことですか。（一つ10てん）

（　　　）月の よく はれた 日の、（　　　）の こと。

2 おばあさんの バケツは、いつ、だれが プレゼントして くれた ものですか。（一つ10てん）

（　　　）の たん生日に、

まごの（　　　）が プレゼントして くれた もの。

おばあさんの　バケツが、さかさまに
おいて　ありました。
「ああ、よかった。」
おばあさんが、バケツを
もち上げようと　した　ときです。
「わあ、だめ、だめ。」
と　いって、たぬきの　こが
やぶから　とび出して　きたのです。
「たからものが　入って　いるの。」
たぬきの　こが　いいました。
「たからものって？」
おばあさんが　たずねると、たぬきの
こは、バケツを　すこしだけ　もち上げて、
中を　見せて　くれました。

（かき下ろし）

3 バケツは、どこに　ありましたか。（15てん）

いえの（　　　　）。

4 「わあ、だめ、だめ。」と　いったのは、だれですか。（15てん）

（　　　　）

5 おばあさんが〜〜と　たずねると、たぬきの　こは、どう　しましたか。（一つ15てん）

バケツを　すこしだけ（　　　　）、中を（　　　　）くれた。

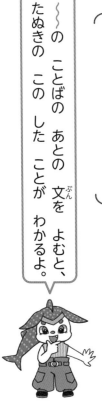

〜〜の　ことばの　あとの　文を　よむと、
たぬきの　この　した　ことが　わかるよ。

6 ものがたり

ないようを　つかむ

れんしゅう ★★★

◆つぎの　文しょうを　よんで　こたえましょう。

がっこうの　かえりみち、わかばは、てぶくろを　かたほう　おとして　しまいました。

うちへ　もどってから　きが　ついて、すぐ　ひきかえそうと　した　とき、げんかんで　ノックの　おとが　しました。

わかばが　でて　いくと、おなじ一ねん　一くみの　ゆたかくんがたって　いて、

「これ、わかばちゃんのだろ。かどのポストの　まえに　おちてたよ。」

わかばの　てぶくろをさしだしました。

① わかばは、どこで　なにをおとしましたか。（一つ10てん）

がっこうの　（　　　）、（　　　）をかたほうおとした。

② わかばが　でて　いくと、だれがたって　いましたか。（20てん）

おなじ　一ねん　一くみの（　　　）。

てん

「ありがとう！　いま、さがしに
いく　ところだったの。」
わかばが　ほっと　して　うけとると、
「わざわざ　すみませんねえ。
なふだも　つけて　ないのに、
よく　わかったわね。」
おかあさんも　でて　きて、
おれいを　いいました。
「だって、すっごく　きれいなんだもん。
いちど　みたら、わすれないよ。」
ゆたかくんは、てぶくろを　みて
そう　いうと、かけあしで　かえって
いきました。

（もりやまみやこ『らいたくん　わかばちゃん』あかね書房）

3　ゆたかくんは、なにを
さしだしましたか。（20てん）
わかばの（　　　　）。

4　［　］の　ことばを　いったのは、
だれですか。（20てん）
（　　　　）

5　ゆたかくんは、てぶくろを　みて、
なんと　いいましたか。（一つ10てん）
「だって、すっごく
（　　　　）なんだもん。
いちど　みたら、
（　　　　）。」

ないようを つかむ

◆つぎの 文(ぶん)しょうを よんで こたえましょう。

はりねずみさんは じてんしゃで もりの あちこちに ある ポストを まわって、ゆうびんを あつめます。ぜんぶ あつめると、ゆうびんきょくへ もって いって、スタンプを おします。

さて、はいたつに でかけましょう。

きょうの はいたつの 一(いち)ばん はじめは、*こでまりの したに すむ ねずみの おじょうさん。まちの ようふくやさんからの こづつみを とどけます。

「ゆうびんやさん、ありがとう。あしたの おたんじょうびに きる ドレスなの。」

① はりねずみさんは、あつめた ゆうびんを どう しますか。(一(ひと)つ10てん)

〔　　　〕へ もって いって、〔　　　〕を おす。

② はりねずみさんは、だれに ゆうびんを はいたつしましたか。(一(ひと)つ10てん)

一(いち)ばん はじめ

〔　　　〕の したに すむ 〔　　　〕の おじょうさん。

▶どこ ▶だれ

てん

二ばんめの　はいたつは、きいちごの
しげみに　すむ　あなぐまさん。てがみを
よみながら、ないたり、わらったり。
「まごの　ひとりは　びょうきが　なおり、
もう　ひとりの　まごが　びょうきに　なり、
あたらしい　まごが　また　うまれた。」
三ばんめの　はいたつは、やまぶき[*2]の
したに　すんで　いる　もぐらさん。
おじいさんから　きた　てがみを　よむと、
びっくりぎょうてん。
「どこへ　いっちゃったのかと
おもってたら、おじいさんは、もりの
はずれの　かしのきの　ねっこの
した　あたりを　ほってるんだって。」

（舟崎靖子『もりのゆうびんきょく』偕成社）

＊１・２こでまり・やまぶき…しょくぶつの　名まえ。

三ばんめ	二ばんめ
（　　　）◀だれ　すんで　いる（　　　）。	すむ　（　　　）◀どこ　（　　　）◀だれ　の　しげみに
（　　　）◀どこ　の　したに	（　　　）。

3 もぐらさんに　とどいた　てがみには、どんな　ことが　かいて　ありましたか。（一つ10てん）

おじいさんは、（　　　）の　はずれの
かしのきの　（　　　）
あたりを　ほって　いると　いう　こと。

8 ものがたり ないようを つかむ

◆つぎの 文しょうを よんで こたえましょう。

おかあさんが たけしに いいました。
「この はこ、すてて きてね」
大きな、ダンボールの はこでした。たてに して 立てて みると、たけしの せの はんぶんぐらいも ありました。
ごみばこの ところへ いくと、となりの ようこが、ほそながい はこを 二つと、ま四かくな はこを 一つ、すてに きて いました。
その はこを 見て、たけしは おもいつきました。
「そうだ、ようこちゃん、ふたりの はこを

おうよう ★★★

❶ たけしは、どこへ はこを すてに いきましたか。（20てん）

（　　　）の ところ。

❷ たけしが はこを すてに いくと、だれが いましたか。（20てん）

となりの（　　　）。

❸ ふたりは なにを する ことに しましたか。（20てん）

せかい一（　　　）を つくる ことに した。

てん

あわせたら、ロボットが　できるよ」
「ほんとだ。そう　しよう。せかい一
りっぱな　ロボットを　つくろうよ」
「こうてつせいの　ピッカ、
ピッカの　やつを、だ」
たけしの　うちで、ふたりは　ロボットを
つくりはじめました。
まず、ふたりで、大きな　はこに
マジックで　きかいの　えを　かきました。
この　はこは　ロボットの　どうたいです。
つぎには、ほそながい　はこを　二つ、
さきを　ひらいて、おりまげて、どうたいの
下がわに、セロテープで
はりつけました。
これで、足が　二本、できました。

（古田足日『ロボット・カミイ』福音館書店）

4 どの　はこで、なにを　つくりましたか。（一つ10てん）

・大きな　はこ……
　ロボットの（　　　　）。
・ほそながい　はこ　二つ……
　二本の（　　　　）。

5 「ふたりの　はこ」が　あったら、あなたなら　なにを　つくりますか。じゆうに　かきましょう。（20てん）

ひょうげんりょく

（　　　　　　　　）

「大きな はこ」一つと、「ほそながい はこ」二つと、「ま四かくな はこ」一つだね。

なにに ついて かいて あるかを つかむ

きほん ★★★

てん

◆つぎの 文しょうを よんで こたえましょう。

タマネギを きると、なみだが 出るのは なぜでしょう。
タマネギを きると、目や はなを ツンと させる ものが とび出して、空気に まじります。
これが 目に 入ると、目に しみて、なみだが 出るのです。

（かき下ろし）

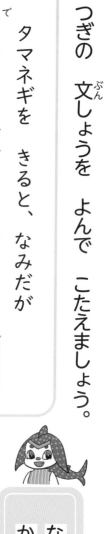

はじめの 文で どんな ことを といかけて いるかな。

なにに ついて せつめいして いるかを たしかめて よみましょう。

1 上の 文しょうは、どんな ことに ついて かかれて いますか。（50てん）

（　　　　）を きると、なみだが 出るのは なぜかと いう こと。

2 タマネギを きると、どう なりますか。（50てん）

目や はなを ツンと させる ものが（　　　　）、空気に まじる。

10 せつめい文

なにに ついて かいて あるかを つかむ

きほん ★★★

てん

◆つぎの 文しょうを よんで こたえましょう。

かまきりの からだは 生きた えものを つかまえるのに とても よく できて います。

おおきな 目と ぐるりと まわる くびは えものを さがすのに とても べんりです。

また かまのような まえ足には とげが 生えて いて つかまえた えものを にがさないように なって います。

（得田之久『かまきり おおかまきりの一生』福音館書店）

1 かまきりの からだは、なにを するのに よく できて いますか。（一つ25てん）

生きた［　　］を［　　］のに よく できて いる。

2 まえ足は、どう なって いますか。（一つ25てん）

［　　］が 生えて いて、つかまえた えものを［　　］ように なって いる。

なにに ついて かいて あるかを つかむ

きほん ★★★

てん

◆ つぎの 文しょうを よんで こたえましょう。

あさがおの 花は、なぜ すぐに しぼんで しまうのでしょう。

花は、ねから 水を すい上げて います。あさ、花が ひらいた ときには、水が 花びらに たっぷり いきわたって います。だから、花は ぴんと して います。

しかし、あさがおは、花びらが うすくて、花びらから 水が どんどん 出て いって しまいます。だから、すぐに しぼんで しまうのです。（かき下ろし）

「だから」と いう ことばに ちゅうもくしよう。

わけを せつめいして いるところに 気を つけて よみましょう。

1 上の 文しょうは、どんな ことに ついて かかれて いますか。（40てん）

あさがおの 花は、なぜ すぐに （　　　　） しまうのか。

2 あさがおの 花は、なぜ しぼんで しまうのですか。（一つ30てん）

花びらが （　　　　）、

花びらから （　　　　）が どんどん 出て いって しまうから。

12

せつめい文

なにに ついて かいて あるかを つかむ

きほん ★★★

てん

◆つぎの 文しょうを よんで こたえましょう。

リスが やって きて、ドングリを たべはじめました。ネズミや、カケスも、ドングリを たべて います。どうして どうぶつたちは、ドングリを たべるのでしょうか。

ドングリは、コナラや クヌギなどの 木の たねが 入った 実です。わると、中には 白い ものが つまって います。これは めを 出すのに つかう、えいようぶんです。どうぶつたちは、えいようたっぷりの ドングリが、大すきなのです。

（多田多恵子 監修『花のたね・木の実のちえ④ ドングリとリス』偕成社）

1 上の 文しょうは、どんな ことに ついて かかれて いますか。（40てん）

どうして どうぶつたちは 〔　　　　〕のか という こと。

2 どうぶつたちは、どうして ドングリを たべるのですか。（一つ30てん）

〔　　　　〕たっぷりの ドングリが、〔　　　　〕だから。

文しょうの さいごに わけが かかれて いるよ。

13 せつめい文

なにに ついて かいて あるかを つかむ

◆ つぎの 文しょうを よんで こたえましょう。

オナモミと いう しょくぶつの 実には、するどい とげが たくさん ついて います。この とげは、どんな やく目を して いるのでしょうか。

オナモミの 実の とげを よく 見て みましょう。先が まがって いますね。この まがって いる ところが、どうぶつの 毛に ひっかかります。とげは たくさん あるので、かんたんには おちません。どうぶつは オナモミの 実を からだに つけた まま、べつの

オナモミの 実

れんしゅう ★★★

1 上の 文しょうは、どんな ことに ついて かかれて いますか。（20てん）

オナモミの 実の 〔　　　　〕は、どんな やく目を して いるか。

2 オナモミの 実の とげは、どう なって いますか。（20てん）

先が 〔　　　　〕 いる。

3 オナモミの 実が 毛に ひっかかった どうぶつは、どう しますか。（　）に ○を つけましょう。（20てん）

（　）実を おとそうと して、からだを ゆらす。

てん

ばしょへ　あるいて　いきます。
　やがて、オナモミの　実は、じめんに
おちて　ねを　のばし、めを　出します。
　オナモミが、もともと　生えて　いた
ところから　とおく　はなれた
ばしょで　めを　出す　ことが
できるのは、実に　ついた　とげで
どうぶつの　からだに　くっついて、
とおくまで　はこんで　もらう　ことが
できるからなのです。

（かき下ろし）

（　）実を　からだに　つけた
　　まま、べつの　ばしょへ
　　あるいて　いく。

（　）その　まま　すに　かえって、
　　からだに　ついた　実を
　　たべる。

4 オナモミが、とおく　はなれた
ばしょで　めを　出す　ことが
できるのは、なぜですか。（一つ20てん）

とげで、どうぶつの　からだに

［　　　　　　］、とおくまで

［　　　　　　］もらう　ことが

できるから。

「～から」と　いう　いいかたに
ちゅうもくしよう。

14 せつめい文

なにに ついて かいて あるかを つかむ

◆つぎの 文しょうを よんで こたえましょう。

えんぴつで かいた 字は、けしゴムで けす ことが できます。でも、ボールペンで かいた 字は きえません。これは、どうしてでしょう。

えんぴつで かいた 字を、けんびきょうで 見ると、かみの 上に、えんぴつの しんの こまかい つぶが、たくさん ならんで いるのが わかります。けしゴムで かみを こすると、この つぶが ゴムに くっついて けしかすと なり、

えんぴつで かいた 字

れんしゅう ★★★

1 上の 文しょうでは、どんな ことに ついて、「どうしてでしょう」と いって いますか。（一つ10てん）

字は、けしゴムで けす ことが できるけれど、（　　　）で かいた 字は、きえない こと。

（　　　）で かいた

2 えんぴつで 字を かいた かみを けしゴムで こすると、どう なりますか。（一つ15てん）

えんぴつの しんの（　　　）が ゴムに くっついて けしかすと

てん

かみから　はなれるので、
字は　きえて　しまいます。
　いっぽう、ボールペンで
かいた　字は、インクが
かみの　上だけで　なく、
かみの　中にまで
しみこんで　います。
けしゴムで　かみの　上を
こすっても、しみこんだ
インクを　くっつける
ことは　できません。
　だから、ボールペンで
かいた　字は　きえずに
のこるのです。

ボールペンで　かいた　字

（かき下ろし）

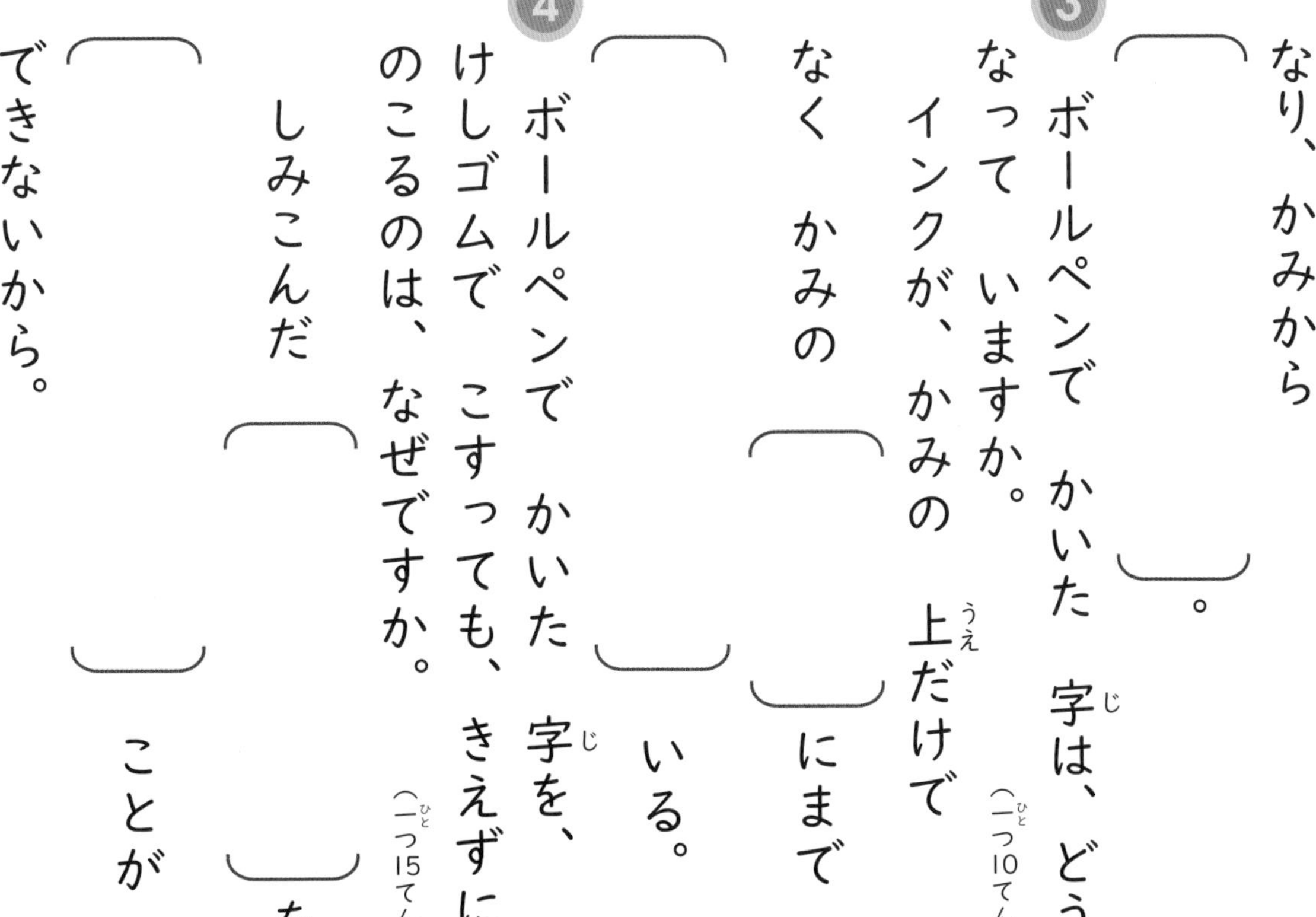

なり、かみから
〔　　〕。

3 ボールペンで　かいた　字は、どう
なって　いますか。（一つ10てん）
インクが、かみの　上だけで
なく　かみの　〔　　〕にまで
〔　　〕いる。

4 ボールペンで　かいた　字を、
けしゴムで　こすっても、きえずに
のこるのは、なぜですか。（一つ15てん）
しみこんだ　〔　　〕を
〔　　〕ことが
できないから。

15

せつめい文

なにに ついて かいて あるかを つかむ

◆ つぎの 文しょうを よんで こたえましょう。

ふねが しゅっこうします。[*1]
でも、どうろと ちがって うみの 上には とおりみちが かかれて いません。くらい よるの うみで、どう やって あんぜんな こうろが[*2] わかるのでしょうか。
しゅっこうして しばらく いくと、りくぞいに ひかりが ならんで いるのが 見えて きました。
これは うみの そこが あさい ことを しらせる みちしるべです。

おうよう ★★★

てん

❶ うみの 上は、どうろと どんな ところが ちがいますか。（10てん）

〔　　　　〕が かかれて いない ところ。

❷ 上の 文しょうは、どんな ことに ついて かかれて いますか。（一つ15てん）

〔　　　　〕よるの うみで、どう やって 〔　　　　〕な こうろが わかるのかと いう こと。

❸ つぎの 「ひかり」は、それぞれ どんな やく目を して いますか。（一つ15てん）

これより　左(ひだり)は　とおれません。
右(みぎ)には　いわを　てらす
ひかりが　見(み)えて　きました。
あぶない　ばしょを
しらせる　みちしるべです。

　このように　うみの
上(うえ)には　みちしるべが　あるのです。
こうした　みちしるべを
こうろひょうしきと　いいます。
こうろひょうしきの　おかげで　ふねは
あんぜんな　こうろが　わかるのです。

（谷川夏樹(たにがわなつき)「うみのみちしるべ」・『かがくのとも』福音館書店(ふくいんかんしょてん)）

＊1しゅっこう…ふねが、目(もく)てきちへ　むかって　出(しゅっ)ぱつする　こと。
＊2こうろ…ふねの　とおりみち。

りくぞいに　ならんで　いる　ひかり	いわを　てらす　ひかり
うみの　そこが（　　　）ことを　しらせる（　　　）。	（　　　）ばしょを　しらせる　みちしるべ。

「ひかり」と　いう　ことばを　さがして、その　ちかくを　よく　よもう。

4　うみの　上(うえ)に　ある　みちしるべの　ことを、なんと　いいますか。（15てん）

（　　　　　　　　）

16 せつめい文（ぶん）

なにに ついて かいて あるかを つかむ

◆つぎの 文（ぶん）しょうを よんで こたえましょう。

ヒマワリの 花（はな）は、ほんとうに たいようの ほうを むいて さくのでしょうか。上（うえ）の えを 見（み）て ください。花（はな）は、ばらばらの ほうこうを むいて いますね。

たいようの ほうを むいて さくと いうのは まちがいなのです。

でも、めばえたばかりの ヒマワリや、わかい なえの ヒマワリでは、いつも くきの 先（さき）が たいようの ほうこうを

1 「まちがいなのです」と ありますが、どんな ことが まちがいなのですか。（20てん）

ヒマワリの 花（はな）が、（　　　）の ほうを むいて さくと いう こと。

2 (1) ［　］に ついて こたえましょう。（一（ひと）つ15てん）

これは、どうしてですか。

すこしでも おおくの（　　　）を 葉（は）が うけられるように、ゆっくり（　　　）から。

おうよう ★★★

てん

むいて います。
これは、くきの 先を たいようの ほうこうに まげ、すこしでも おおくの ひかりを 葉が うけられるように、ゆっくり うごいて いるからです。たいようの ひかりを うけて *1ようぶんを つくり、生ちょうする ための たいせつな はたらきなのです。

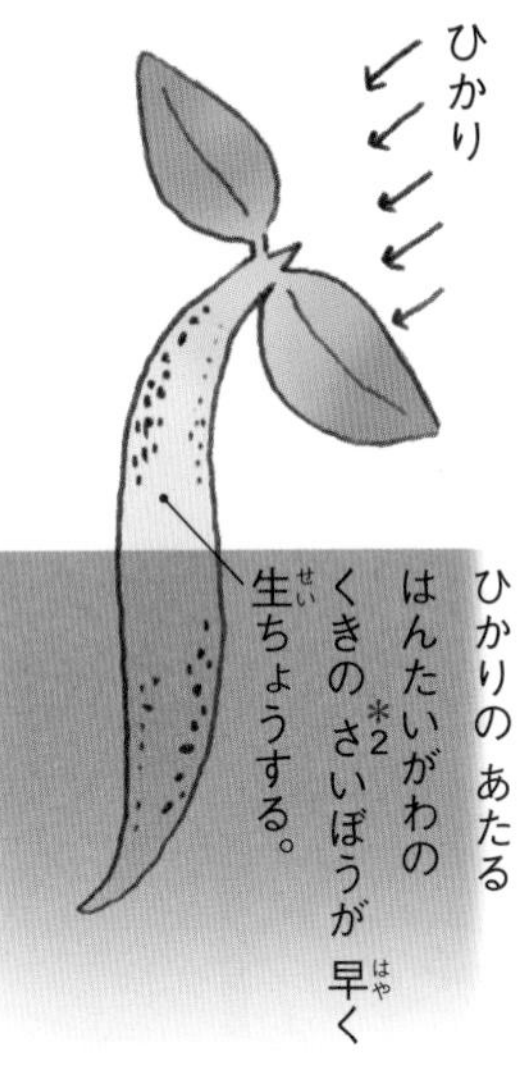

ひかり
ひかりの あたる はんたいがわの くきの *2さいぼうが 早く 生ちょうする。

（清水 清『植物は動いている』あかね書房）

*1ようぶん…どうぶつや しょくぶつが そだつ ために ひつような えいように なる もの。

*2さいぼう…生きものの からだを つくって いる、いちばん 小さい まとまり。

(2) なんの ための はたらきですか。（一つ15てん）

たいようの ひかりを うけて
［　　　　］を つくり、
［　　　　］する ため。

3 あなたは、どんな しょくぶつの かんさつを して みたいですか。じゆうに かきましょう。（20てん）

ひょうげんりょく

しょくぶつ
しりたい こと

ようすを つかむ

てん

ばめんや、とうじょう人ぶつの ようすに 気を つけて よみましょう。

◆つぎの 文しょうを よんで こたえましょう。

なおきは、こうえんへ あそびに いきました。こうえんには、あたたかい かぜが そよそよと ふいて いました。

なおきは、お気に入りの てつぼうで あそぶ ことに しました。さか上がりの れんしゅうを して いると、おなじ クラスの じゅんくんが、にこにこしながら やって きました。

（かき下ろし）

❶ こうえんは、どんな ようすでしたか。（50てん）

あたたかい かぜが 〔　　　　〕と ふいて いた。

❷ じゅんくんは、どんな ようすで やって きましたか。（50てん）

〔　　　　〕しながら やって きた。

「じゅんくんが、」と いう ことばを さがそう。

18

ものがたり

ようすを　つかむ

きほん ★★★

てん

◆つぎの　文しょうを　よんで　こたえましょう。

「おーい、そくたつゆうびんだよ。」
ゆうびんはいたつの　やぎさんが
やまみちを　かけあがって　きました。
「はい、ぞうさんに。」
「わざわざ、ありがとう。」
ぞうさんは　うけとって、
すぐに　ひらいて　よみました。
くしゅんと　かなしそうな
かおに　なりました。
「なにか　あったのかい？」
と、しかさんが　しんぱいそうに
たずねました。

（桜井信夫『ぞうさんのサンドイッチ　すてきなサンドイッチ』国土社）

1 ――の　ことばを　いったのは、だれですか。（30てん）

（　　　）の（　　　）の
やぎさん。

2 てがみを　よんだ　ぞうさんは、どんな　ようすに　なりましたか。（30てん）

くしゅんと（　　　）な
かおに　なった。

3 しかさんは、どんな　ようすで　たずねましたか。（40てん）

（　　　）に
たずねた。

19

ものがたり

ようすを　つかむ

きほん ★★★

てん

◆つぎの　文しょうを　よんで　こたえましょう。

こりすと　こうさぎが　けんかを　しました。
あくる　日に　なれば、わすれて　しまいそうな　小さな　けんかでしたが、その　ときは　たがいに　口も　きかない　ほど　はらを　たてあって　いました。

こりすは　ふくれっつらを　した　まま、こうさぎは　ぷりぷり　おこった　まま、「さようなら」も　いわないで、わかれて　しまいました。

こりすは　ふくれっつらの　まま、うちへ　むかって　あるいて　いきました。

（森山京「さよなら　さよなら　さようなら」・『こうさぎのジャムつくり』フレーベル館）

とうじょう人ぶつの　ようすを　あらわす　ことばや　文を　さがして　よみましょう。

1　けんかを　した　とき、こりすと　こうさぎは、どんな　ようすでしたか。（50てん）

たがいに　［　　　　］　ほど　はらを　たてあって　いた。

2　こりすは、どんな　ようすで　あるいて　いきましたか。（50てん）

□□□□□□の　まま。

「こりすは～あるいて　いきました。」と　いう　文を　さがそう。

20 ものがたり

ようすを つかむ

きほん ★★★

てん

◆ つぎの 文しょうを よんで こたえましょう。

しらかわ先生が、なわとびを くるりんくるりんと まわしながら きょうしつに はいって きた。

「三がっきの たいいくは、これです。」

先生は、なわとびを りょう手で ビンビンと ひっぱって みせた。

「やったー。」

くろさわくんが、こぶしを つきあげて さけんだ。

「あら、なわとび、とくいなの？」

「とくい、とくい、チョーとくい。やって みせようか？」

くろさわくんが、ガタンと たちあがった。


（後藤竜二『1ねん1くみ1ばんジャンプ！』ポプラ社）

1 しらかわ先生は、どんな ことを しながら きょうしつに はいって きましたか。（一つ25てん）

なわとびを 〔　　　　〕と 〔　　　　〕ながら はいって きた。

2 くろさわくんは、どんな ふうに 「やったー。」と さけびましたか。（一つ25てん）

〔　　　　〕を 〔　　　　〕 さけんだ。

「やったー。」と いう ことばの あとを よく よもう。

21 ものがたり

ようすを　つかむ

◆つぎの　文しょうを　よんで　こたえましょう。

〔こぶたの　ブンは、学校が　おわった　あと、外に　出かけました。〕

近道を　して　林を　つっきり、木かげの　とおりへ　でた　ところで、ブンは、

「あっ、ない！」

さけび声を　あげました。

ポケットに　入れて　おいた　はずの　えんぴつが、いつのまにか　なくなって　いました。

ポケットの　中を　まさぐると、なんと　そこに　あなが　ひとつ　あいて　いました。えんぴつ　一本が　するりと　ぬけおちそうな　小さな　あなでした。

れんしゅう ★★★

てん

① ブンは、どうして　さけび声を　あげたのですか。（一つ10てん）

ポケットに　入れて　おいた　はずの
（　　　　）が、いつのまにか
（　　　　）いたから。

② ポケットには、どんな　あなが　あいて　いましたか。（一つ10てん）

えんぴつ　一本が　（　　　　）と
（　　　　）な
小さな　あな。

「しまった」

ついさっき、林の入口でポケットに手をつっこみましたが、そのときはたしかにありました。

たいへんだ。いそいでさがさなくっちゃ。

ブンは、いまきた道をあわただしくひきかえしはじめました。

自分が歩いたあとをきょろきょろながめながら林の入口までもどりましたが、えんぴつは見あたりません。

どこかにおちてるはずなのに。

おかしいなあ。


（森山京『とりかえっこ　とりかえっこ』教育画劇）

3 ブンは、どんなふうに林の入口までもどりましたか。（一つ15てん）

自分が〔　　　　〕あとを

〔　　　　〕

ながめながらもどった。

「林の入口までもどりました」といういことばをさがして、そのちかくをよもう。

4 林の入口までもどってもえんぴつが見あたらなかったとき、ブンは、どうおもいましたか。（一つ15てん）

どこかに〔　　　　〕

はずなのに。〔　　　　〕。

22 ものがたり

ようすを　つかむ

◆つぎの　文しょうを　よんで　こたえましょう。

アッチは、小さな　おばけの　男の子です。でも、レストラン・ヒバリの　コックさんなんです。なんでも、おいしくつくります。おきゃくさんは、おおよろこびです。

となりの　やねうらに　すむ、ねずみの　チが、アッチの　ところへ　やって　きました。

「あの……アッチ、キがね、びょうきなの。」

チは、しんぱいそうに　いいました。

ねずみの　チと　キは、ふたごのきょうだいです。

チは　おにいさん、キは　おとうと、ふたりは、とっても

れんしゅう ★★★

1 アッチは、どんな　男の子ですか。（一つ15てん）

・小さな（　　　　）の　男の子。

・レストラン・ヒバリの（　　　　）。

2 ねずみの　チは、どんな　ようすで「あの……アッチ、キがね、びょうきなの。」と　いいましたか。（20てん）

（　　　　）に　いった。

――の　あとの　文を　よむと、チの　ようすが　わかるよ。

てん

なかよしです。

「キったらね、ねつが　あって、ゆうべから　なんにも　たべないの。どう　しよう。」

チが、はんぶん　なきそうな　かおで　いいました。

「そりゃ　こまったね。じゃ、ぼくが、いい　もの　つくって　あげよう。ねつが　あっても　おいしい　もの。あたまが　いたくても　おいしい　もの。たべたく　なくても　おいしい　もの。たべると　たちまち　元気(げんき)に　なる　もの。それにはね、なんてったって、フルーツポンチが　いちばんさ。」

アッチは、とくいそうに　いいました。

「フルーツポンチって？」

チは　ききました。

（角野栄子(かどのえいこ)『フルーツポンチ　はいできあがり』ポプラ社(しゃ)）

3　チは　キが　どんな　ようすだと　いいましたか。（一(ひと)つ15てん）

（　　　　）が　あって、

ゆうべから　なんにも

（　　　　　　　　）。

チが　キの　ようすを　くわしく　はなして　いる　ことばを　さがそう。

4　アッチが　つくって　あげると　いった「いい　もの」とは、なんですか。（20てん）

□□□□□□□

アッチは、なにが「いちばんさ」と　いったかな？

23 ものがたり ようすを つかむ

◆つぎの 文しょうを よんで こたえましょう。

はるの かぜが ふわりと とおりすぎる ひるさがり。
♪ルルルン ラララン♪ と、こざるの モンタの うたごえが きこえて きました。
そうです。きょうは まちに まった モモリンの おたんじょうびです。
モンタは さっそく とくべつ おしゃれな ズボンを はいて、あたらしい まっかな ベストに うでを とおします。
「さあ いくぞ。」
モンタは クッキーの ふくろと プレゼントの はこを だいじそうに かかえて、

1 きょうは、なんの 日ですか。（一つ10てん）
まちに まった 〔　　〕の 〔　　〕。

2 モンタは、なにを もって いえを とびだしましたか。（一つ10てん）
〔　　〕の ふくろと 〔　　〕の はこを

だいじそうに かかえて、ちいさな ふくろを ポッケに いれて

おうよう ★★★

てん

「おっと　もう　ひとつ。」
と、ちいさな　ふくろを　ポッケに
いれて　いえを　とびだしました。
　みちの　りょうがわでは　うれしそう
に　れんげの　はなが　ゆれて　います。
　あざやかな　みどりの　きの　はが
キラキラ　かがやいて　います。
「きょうは　さいこうだね。」
　モンタは、あおい　そらを　みあげました。
　そして　そらに　モモリンの　かおを
うかべて　みました。
「へへへ　モモリン、よろこぶかな？」
　モンタは　モモリンが　プレゼントの
つつみを　あけた　ときの　ことを
そうぞうして　みました。

（きむらゆういち『たんじょうびは　きの　うえで』講談社）

3 いえを　とびだした。いえの　そとは、どんな　ようすでしたか。（一つ15てん）

みちの　りょうがわの　れんげの　はな	あざやかな　みどりの　きの　は
（　　　）に　ゆれて　いる。	キラキラ（　　　）いる。

4 モンタは、どんな　ことを　そうぞうしましたか。（一つ15てん）

（　　　）が　プレゼントの　つつみを（　　　）ときの　こと。

24 ものがたり

ようすを　つかむ

◆つぎの　文しょうを　よんで　こたえましょう。

〔ウサギの　ウベベは、森の　ゆうびんやさん。〕

あさから　雨。こんな　日は、さすがに

だれも　ゆうびんを　たのみに　こない。

そこで、ウベベは　いすに　もたれ、

いろいろと　かんがえごと。

こんな　ひまな　ときにこそ、この

ふるいすを　なおしたいけれど、あいにく

かなづちが　なかったっけ。どこかへ　かりに

いこうにも、この　雨じゃ　気が　おもいし……。

すると、そとで　とびらを　ノックする　音。

ウベベが　たちあがるより　早く、

「おじゃましますよ。ウベベ」

はいって　きたのは　クマの　ヌーボー。

すっかり　ぬれて、しずくが　ポタ　ポタ。

おうよう★★★

てん

1　ウベベは、どんな　ことを　したいと　かんがえて　いましたか。一つ　えらんで、○を　つけましょう。（15てん）

（　）ゆうびんを　とどけに　いきたい。

（　）あたらしい　いすを　つくりたい。

（　）ふるいすを　なおしたい。

2　ウベベの　いえに　はいって　きた　ヌーボーは、どんな　ようすでしたか。（一つ15てん）

すっかり〔　　　　〕、

しずくが〔　　　　〕

たれて　いた。

「いらっしゃい。ゆうびんですか」
「いや、じつは、きみに いすを
つくって もって きたんですよ」
ヌーボーが、あけはなたれた
とびらの むこうを ゆびさすと、
なるほど 小さな 木の いすが、
青と 赤と ひとつずつ。
ウベベは 目を まんまるく して、
「あの いすを ぼくに ですって？」
「＊いつぞや、わたしが ここの いすに
こしかけて、ガタガタに こわした ことが
ありましたね。あの ときの、これは
おわびです」

（森山京『森のゆうびんや』フレーベル館）

＊いつぞや……いつだったか。

3 ヌーボーが もって きたのは、どんな いすでしたか。（一つ10てん）

小さな 木の いすが、
［　　　］と［　　　］と ひとつずつ。

4 ウベベは、どんな ようすで ——と いいましたか。（15てん）

目を［　　　］して いった。

5 ヌーボーが、雨が ふる 中を いすを もって きたのは、どうして だと おもいますか。じゆうに かんがえて かきましょう。（20てん）

ひょうげんりょく

［　　　　　　］から。

25

せつめい文

じゅんじょに 気を つけて よむ

きほん ★★★

◆つぎの 文しょうを よんで こたえましょう。

タンポポの 花は、小さな 花が たくさん あつまって できて います。花が ひらく ようすを 見て みましょう。

はじめに、そとがわの 花が、じゅんばんに ひらきはじめます。それから、中の 花びらが だんだんと ひらいて いきます。さいごに、まん中に ある 花が ひらきます。

(かき下ろし)

じゅんじょを あらわす ことばに 気を つけて よみましょう。

① タンポポの 花は、はじめに どこの 花が ひらきますか。(50てん)

[　　　　] の 花。

② さいごに、どこの 花が ひらきますか。(50てん)

[　　　　] に ある 花。

「はじめに」と いう ことばが ある 文を よく よもう。

てん

じゅんじょに 気を つけて よむ

◆ つぎの 文しょうを よんで こたえましょう。

さあ、カタツムリが からから 出て くる ところを かんさつして みましょう。

まず、からの 口を ふさいで いた、足先の ぶぶんが 出て きます。つづいて、あたまの ぶぶんが あらわれます。そして、あたまの 中に うもれて いた しょっかくが のび出ます。

（小田英智『カタツムリ観察ブック』偕成社）

❶ カタツムリは、どのように からから 出て きますか。（一つ25てん）

まず、からの 口を ふさいで いた、
（　　　　）の ぶぶんが 出て くる。
つづいて、（　　　　）の
ぶぶんが あらわれる。
そして、あたまの 中に
（　　　　）いた
（　　　　）が のび出る。

□の ことばに 気を つけて よむと、じゅんじょが よく わかるよ。

じゅんじょに 気を つけて よむ

きほん ★

てん

◆つぎの 文しょうを よんで こたえましょう。

マグカップケーキの つくりかたを しょうかいします。

はじめに、マグカップに こむぎこ、ベーキングパウダー、さとうを 入れて、よく まぜます。

つぎに、たまご、サラダあぶらを くわえて、さらに よく まぜます。

さいごに、でんしレンジで 二、三ぷん あたためたら、できあがりです。

（かき下ろし）

1 はじめに、なにを しますか。（一つ30てん）

マグカップに、（　　　）、ベーキングパウダー、さとうを 入れて、よく （　　　）。

2 1の つぎに なにを しますか。（　）に ○を つけましょう。（40てん）

（　）さとう たまご

（　）サラダ あぶら たまご

（　）でんしレンジ

「つぎに」から はじまる 文を さがして、よく よもう。

28

せつめい文

じゅんじょに 気を つけて よむ

きほん ★★★

てん

◆つぎの 文しょうを よんで こたえましょう。

スカンクは「おなら」を する どうぶつと して、しられて います。スカンクに とって、「おなら」は、てきに 立ちむかって、身を まもる ための ちえです。

てきに 出あうと、スカンクは まず、せ中を ゆみなりに まげて、しっぽを たかく 上げ、じぶんを 大きく 見せます。さらに、足を ふみならして、てきを おどします。

しかし、そのように おどしても あいてが にげない とき、いよいよ、さいごの *しゅだん「おなら」を つかうのです。

（成島悦雄 監修『動物のちえ② 身を守るちえ』偕成社）

*しゅだん…やりかた。ほうほう。

1 スカンクは、てきに 出あうと まず、なにを しますか。（一つ30てん）

まず、（　　　　）を ゆみなりに まげて、しっぽを（　　　　）、じぶんを 大きく 見せる。

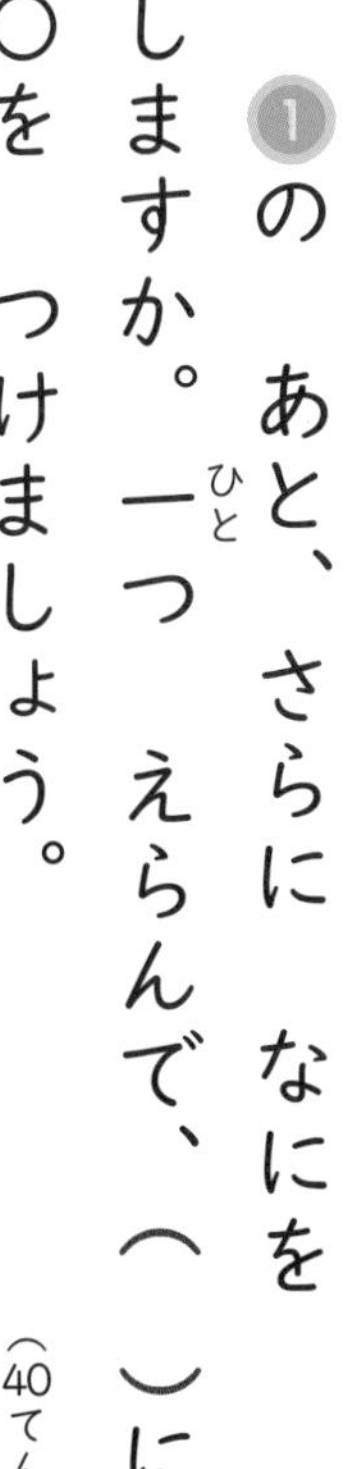

「まず」と いう ことばが ある 文を よく よもう。

2 **1**の あと、さらに なにを しますか。一つ えらんで、（　）に ○を つけましょう。（40てん）

（　）しっぽを ふる。

（　）足を ふみならす。

（　）からだを まるめる。

29 せつめい文

じゅんじょに 気を つけて よむ

れんしゅう ★★★

てん

◆つぎの 文しょうを よんで こたえましょう。

ふたもんあしながばちの すは かれ木や かれ草を かじり それに つばを まぜて つくります。

すが できると 女王ばちは すぐに たまごを うみます。一へやに 一つずつ ていねいに うみつけて いきます。

そして なん日か して たまごから よう虫が うまれて くると 女王ばちは ますます いそがしく なります。

あたらしい へやを つくり たまごを

❶ すが できると、女王ばちは すぐに なにを しますか。（15てん）

（　　　　）を うむ。

❷ よう虫が うまれて くると、女王ばちは、ひとりで どんな ことを しますか。（一つ10てん）

・あたらしい（　　　　）を つくる。

・（　　　　）を うむ。

うみ　すの　そうじや　よう虫の
せわを　ぜんぶ　ひとりで
しなければ　いけません。
女王ばちは　ときどき　すを
はなれると　草むらの　あいだを
とびまわり　ちょうや　がの　よう虫を
つかまえ　小さく　かみくだき
にくだんごのように　して　すに
もちかえります。
これが　よう虫の　えさに　なるのです。
こうして　女王ばちは　休みなく
よう虫の　せわを　つづけます。

（得田之久『はち　ふたもんあしながばちの一生』福音館書店）

3
女王ばちは、つかまえた　ものを
どのように　して　もちかえりますか。
（一つ15てん）

小さく〔　　　　〕、
〔　　　　〕のように
して、すに　もちかえる。

4
女王ばちが　もちかえった　もの
は、なにに　なりますか。
（15てん）

〔　　　　〕

・すの〔　　　　〕を　する。
・よう虫の〔　　　　〕を　する。

30 せつめい文

じゅんじょに　気を　つけて　よむ

れんしゅう ★★★

◆つぎの　文しょうを　よんで　こたえましょう。

はちみつを　とる　しごとは、あさ早くから　はじめます。
はじめに、すばこに　けむりを　ふきかけます。これは、すばこの　中の　みつばちを、おとなしく　させる　ためです。
つぎに、すばこから「すわく」を　とり出します。この　すわくに、はちみつが　たまって　いるのです。
すわくを　とり出したら、はちみつの　へやの　ふたを、ナイフを　つかって

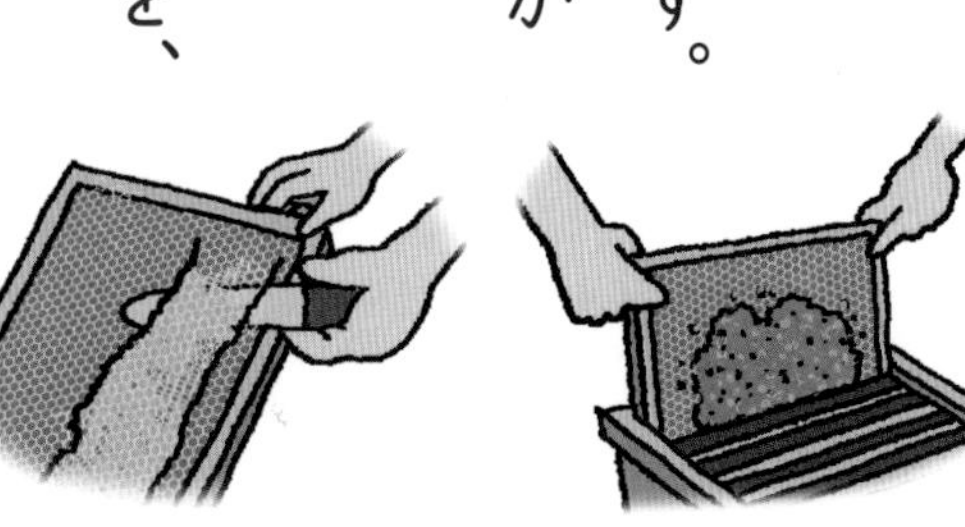

❶ はちみつを　とる　とき、はじめに　なにを　しますか。（　）に　○を　つけましょう。（20てん）

（　） すばこに　ぬのを　かぶせる。	（　） すばこに　水を　かける。	（　） すばこに　けむりを　ふきかける。

❷ ❶の　つぎに、なにを　しますか。（一つ15てん）

・すばこから「（　　）」を　とり出す。

・はちみつの　へやの　（　　）を、ナイフを　つかって　はがす。

てん

はがします。

　そして、すわくを「えんしんぶんりき」と　いう　きかいに　入れて、ぐるぐる　まわします。こう　すると、まわる　いきおいで、すわくから　はちみつが　とび出して　くるのです。とび出した　はちみつは、えんしんぶんりきの　中に　たまります。

　さいごに、えんしんぶんりきの　せんを　あけて、はちみつを　とり出します。おいしそうな　はちみつが、たくさん　とれました。


（かき下ろし）

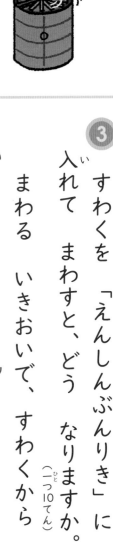

3 すわくを「えんしんぶんりき」に　入れて　まわすと、どう　なりますか。（一つ10てん）

まわる　いきおいで、すわくから

（　　　　　）が（　　　　　）くる。

「ぐるぐる　まわします。」と　いう　ことばの　あとの　文を　よく　よもう。

4 さいごに、なにを　しますか。（一つ15てん）

えんしんぶんりきの（　　　　　）を

あけて、はちみつを（　　　　　）。

◆つぎの 文しょうを よんで こたえましょう。

はるの 田んぼ。
からからの 田んぼに 水が 入って
きた。
小石の かげに なにか いる。
めだかだ。
田んぼに 水が ふえると、めだかが
どんどん あつまって くる。
（中りゃく）
やがて 田んぼでは、田うえが
はじまった。
めだかは、どう して いるのだろう。
めだかの むれを 見て いると……
一ぴきが ほかの めだかに おなかを
見せたり、二ひきが ひれを ひろげて、

❶ めだかが、田んぼに あつまって くる きせつは いつですか。（10てん）

［　　　　］

❷ 田うえが はじまる ころ、めだかの どんな ようすが 見られますか。（一つ10てん）

一ぴきが、ほかの めだかに［　　　　］を 見せたり、

二ひきが［　　　　］を ひろげて、

くるくる［　　　　］

する ようす。

くるくる　まわったり　して　いる。
あさ　はやく　二ひきの　めだかが
よりそって　いる。
たまごを　うんだんだ。
たまごは　水草に　うみつけられた。
かがやくように　白い。
十日ぐらい　たった　たまご。
中に　赤ちゃんが　見える。
くるくる　うごいて
たまごから　とび出しそう。
なつの　さかり……
イネが　そだち　ほも　出て　きた。
めだかは、どう　して　いるかな。
田んぼの　あさせに　赤ちゃんが　いた。

（伊地知英信『めだかのぼうけん』ポプラ社）

3 めだかは、どんな　たまごを　うみますか。（一つ15てん）

〔　　　　〕ように〔　　　　〕たまご。

4 めだかの　赤ちゃんは、どんな　ようすですか。（一つ10てん）

なつの　さかり	めだかが　たまごを　うんで　十日ぐらい　たった　ころ
あさせに　いる。〔　　　　〕の〔　　　　〕	たまごの〔　　　　〕で　くるくる　うごいて　たまごから〔　　　　〕に　なって　いる。

じゅんじょに　気を　つけて　よむ

おうよう ★★★

てん

◆つぎの　文しょうを　よんで　こたえましょう。

さんしょうの　はに　あげはの　めすが　たまごを　うみに　やって　きました。あげはは　はらを　まげて　一つの　はっぱに　ひとつずつ　たまごを　うんで　いきます。

一しゅうかんぐらい　たつと　たまごから　よう虫が　はい出して　きました。よう虫は　すぐに　たまごの　からを　たべはじめました。さいしょの　たべものです。

よう虫は　さんしょうの

はを　もりもり　たべて　すこし　大きく　なって　きました。

❶ あげはは、どのように　たまごを　うみますか。（　）に　○を　つけましょう。（10てん）

（　）
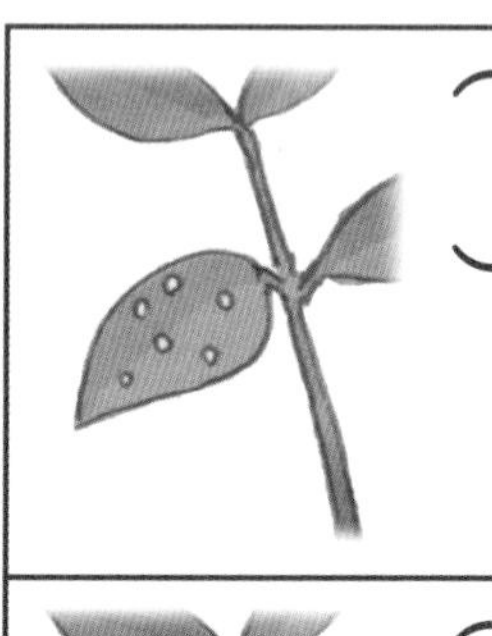

（　）

（　）
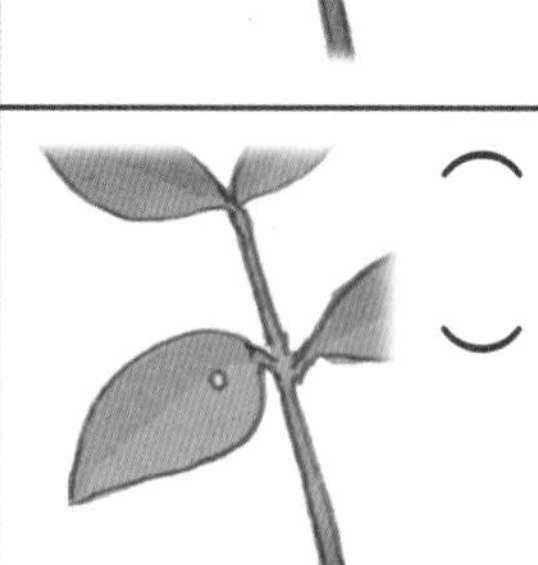

❷ あげはが　たまごを　うんでから　どのぐらい　たつと、よう虫が　はい出して　きますか。（15てん）

［　　　　］ぐらい。

❸ よう虫は、四かい目の　だっぴを　すると、どう　なりますか。（一つ15てん）

大きく　なると　からだの　かわが
きゅうくつに　なって　きます。
そこで　ようふくを　ぬぐように
かわを　ぬぎはじめました。
だっぴです。
よう虫は　四かい目の　だっぴを
すると　からだの　いろは　くろから
みどりいろに　かわります。
　よう虫には　はちや　とりなどの
おそろしい　てきが　います。
そこで　あげはの　よう虫は
あたまから　くさい　においの　出る
つのを　出して　あいてを　おどろかせます。

（得田之久『ちょう　あげはの一生』福音館書店）

からだの　いろが、（　　　）から
（　　　）に　かわる。

4　よう虫は、どのように　して
てきを　おどろかせますか。（一つ15てん）

あたまから（　　　）

においの　出る（　　　）を　出す。

5　上の　文しょうを　よんで、
あなたが　はじめて　しった　ことは
どんな　ことですか。（15てん）

ひょうげんりょく

（　　　）

なにが　おこったかを　つかむ

◆ つぎの　文しょうを　よんで　こたえましょう。

ある　日、モコちゃんの　いえの
ポストに、はがきが　はいって　いました。
ポストだから、はがきが　はいって
いるのは　あたりまえです。ところが、
この　はがき、へんなのです。
『ポレさま』
と、かいて　あるのです。
ポレは、モコちゃんの
いぬです。
ダックスフントと　いう
いぬです。

（寺村輝夫『ポレにきたはがき』岩崎書店）

どんな　ことが　あったかに　気を　つけて　よみましょう。

① ある　日、どんな　ことが
ありましたか。（一つ30てん）

モコちゃんの　いえの
〔　　　　〕に、〔　　　　〕
が　はいって　いた。

② はがきの、どんな　ところが
へんなのですか。（40てん）

『〔　　　　〕』と、かいて
ある　ところ。

はじめの　文に　かいて　あるよ。

てん

34 ものがたり

なにが　おこったかを　つかむ

きほん ★☆☆

てん

◆つぎの　文しょうを　よんで　こたえましょう。

　きょうも　いい　お天気です。
動物たちは　ごきげんでした。
園長さんも　ごきげんで
あるいて　いました。
ところが、ひつじの
モコモコちゃんの
ところまで　きて、ぎくりと
たちどまりました。
戸が　あけっぱなしで
モコモコちゃんが
いないのです。

（角野栄子『モコモコちゃん家出する』クレヨンハウス）

1 園長さんは、モコモコちゃんの
ところに　きた　とき、どう
しましたか。（一つ25てん）

（　　　）と
（　　　）。

2 モコモコちゃんの　ところは、
どう　なって　いましたか。（一つ25てん）

戸が
（　　　）で
モコモコちゃんが
（　　　）。

なにが　おこったかを　つかむ

〈きほん ★★★〉

てん

◆つぎの　文(ぶん)しょうを　よんで　こたえましょう。

はるちゃんが、ふん水(すい)ひろばへ
いくと、白(しろ)い　ハンカチが
おちて　いました。その
ハンカチには、ももいろの
ちょうちょうの　えが　かいて
ありました。
はるちゃんは、その　ハンカチを
ひろいました。すると、どこからか
「ひろって　くれて　ありがとう。」
と　いう　こえが　して、
ハンカチの　ちょうちょうが、はねを
ひらひら　うごかしたのです。

（かき下(お)ろし）

おこった　ことを、じゅんばんに　よみましょう。

1 ふん水(すい)ひろばに、なにが
おちて　いましたか。
白(しろ)い　〔　　　　〕。
（50てん）

2 はるちゃんが　ハンカチを　ひろうと、
ハンカチの　ちょうちょうは、どう
なりましたか。
〔　　　　〕を　ひらひら
うごかした。
（50てん）

「はるちゃんは、～ひろいました。」と　いう
文(ぶん)を　さがして、その　あとを　よく　よもう。

36 ものがたり

なにが　おこったかを　つかむ

きほん ★☆☆

てん

◆つぎの　文しょうを　よんで　こたえましょう。

ねずみが、さんぽから　かえって　きました。
ゆかの　したから、
がたがた　おとが　きこえます。
「おかしいな。なんだろう。」
また、おとが　きこえます。
ねずみは、ゆかを　たたきました。
とん　こと　とん。
へんじが　ありません。
だれかが、とびらを　たたきました。
「きみの　いえの　したに、ひっこして
きた　もぐらです。よろしくね。」
ふたりは、なかよしに　なりました。

（令和2年度版　東京書籍『あたらしい　こくご　一上』50〜54ページより「とん　こと　とん」ぶしかえつこ）

1　ねずみが　さんぽから　かえって　きたら、なにが　おきましたか。（一つ25てん）

（　　　　）から（　　　　）おとが　きこえた。

2　とびらを　たたいたのは、だれですか。（一つ25てん）

ねずみの　いえの　したに（　　　　）きた（　　　　）。

「『とびらを　たたきました。』の　あとの　ことばを　よく　よもう。」

37 ものがたり

なにが　おこったかを　つかむ〈れんしゅう〉★★★

◆つぎの　文しょうを　よんで　こたえましょう。

わにの　ニワンは、ぼうけんが　大すき。きょうは、ぽこぽこ山の　てっぺんを　めざして、ぼうけんに　出ぱつです。
ニワンが　山みちを　あるきはじめると、かめの　おじいさんが、のっそり　のっそり　あるいて　いるのに　であいました。
「かめの　おじいさん、あなたも　この　山の　てっぺんを　めざして　いるの　ですか。」
ニワンが　たずねると、かめの　おじいさんは　こたえました。
「わしは、この　山の　てっぺんを　こえて、その　むこうに

1 ニワンは、どこを　めざして　ぼうけんに　出ぱつしましたか。（10てん）

〔　　　　〕の　てっぺん。

2 ニワンが、山みちで　はじめに　であったのは、だれですか。（15てん）

〔　　　　〕

3 かめの　おじいさんは、どこへ　かえると　いいましたか。（一つ15てん）

ぽこぽこ山の　てっぺんを　こえて、その　〔　　　　〕に　ある、〔　　　　〕へ　かえる。

てん

ある、うみへ　かえるのさ。」
ニワンは、とても　びっくりしました。
かめの　おじいさんに　さようならを
いって、ニワンは、山みちを　どんどん
すすんで　いきました。すると
こんどは、七いろの　はねを
もった、きれいな　とりに
であいました。
「とりさん、あなたは、
どこから　きたのですか。」
ニワンが　たずねると、とりは、
「この　山の　てっぺんを　こえて、
その　むこうの　うみを　こえた
ところに　ある　くによ。」
と、こたえました。
ニワンは、またまた　びっくりしました。

（かき下ろし）

4　ニワンが　山みちを　どんどん
すすんで　いくと、どんな　ことが
ありましたか。（一つ15てん）

［　　　］を
もった、
［　　　］
に　であった。

5　とりは、どこから　きたと　いい
ましたか。（15てん）

かめの　おじいさんに　さようならを
いった　あとの　ことが　かかれて
いる　ぶぶんを　よく　よもう。

ぽこぽこ山の　てっぺんを　こえて、
その　むこうの　うみを
［　　　］ところに　ある
くに。

38 ものがたり

なにが　おこったかを　つかむ

れんしゅう ★★★

◆つぎの　文しょうを　よんで　こたえましょう。

　かんちゃんは、くもの　上の　くにに　すんで　います。

　くもを　むしると、くもの　わたあめに　なります。

　くもの　わたあめは、ふんわり　ふわふわ。とっても　あまくて、ちょっぴり　ひんやりしていて、口の　中で、じゅわじゅわ、と、すぐに　とけるのです。

「ぼく、くもの　わたあめ　だーいすき」

　かんちゃんは、きょうも　くもを　むしって、くもの　わたあめを、ぱくぱく　ぱくぱく、たべました。たべて、たべて、たべました。

1 かんちゃんは、どこに　すんで　いますか。（20てん）

〔　　　　〕の　くに。

2 かんちゃんは、なにを　たべましたか。（20てん）

くもの　〔　　　　〕。

3 かんちゃんが　くもの　わたあめを　たべすぎた　せいで、どんな　ことが　おこりましたか。（20てん）

くもに　〔　　　　〕が　あいて　しまった。

てん

あんまり　ぱくぱく　たべすぎて、
とうとう、くもに　大きな
あなが　あいて　しまいました。
　すぽーん！
かんちゃんは、うっかりと　その
くもの　あなから、おっこちて
しまいました。
「たすけてえー！　たすけてえー！」
　かんちゃんの　こえは、かぜに
ちぎれました。
　かんちゃんの　からだは、くもの
上から　下へ、下へと、どんどん　おちて、
おちて、おちて、おちて　ゆきました。
　ばっしゃーん！
水の　ような　ものに、おっこちました。

（東直子『そらのかんちゃん、ちていのコロちゃん』福音館書店）

かんちゃんが　くもの　わたあめを
たべて　いる　ところの　あとを
よく　よもう。

4　くもに　あなが　あいて、
かんちゃんは　どう　なりましたか。（20てん）

うっかりと　その　くもの
あなから、
［　　　　　　　　］しまった。

5　かんちゃんは、どこに
おっこちましたか。（20てん）

［　　　　　　　　］に、
おっこちた。

「おっこちました」と　いう
ことばを　さがそう。

39 ものがたり

なにが　おこったかを　つかむ

おうよう ★★★

◆つぎの　文しょうを　よんで　こたえましょう。

まるちゃんは　おかおが　まんまるで、からだも　まんまる、しっぽまで　まんまるの　たぬきの　男の子です。

きょうは、あさから　ひとりで　おるすばん。

でも、でかける　とき、ママは　こう　いったんです。

「ちゃんと　おるすばんして　いてね。その　かわり、きょうは　まるちゃんの　だいすきな　ママケーキを　つくって　おきましたからね。」

そうです。ママが　とくべつに　つくった　ママケーキは、とくべつ　おいしいんです。

1　まるちゃんは、きょう　なにを　しますか。（15てん）

あさから　ひとりで

〔　　　　〕を　する。

2　ママは、なにを　つくって　おいて　くれましたか。（一つ10てん）

まるちゃんの　〔　　　　〕な

〔　　　　〕。

3　まるちゃんが、三じに　おだいどころに　いくと、どう　なって　いましたか。（一つ15てん）

てん

だから　きょうは、おやつの　じかんが
とくべつ　まちどおしいんです。
ボーン、ボーン、ボーン。
ついに　三じに　なりました。
まるちゃんは、いそいそと
おだいどころに　いきました。
ところが……。
おやつの　ママケーキが、なにものかに
ぬすまれて　いるでは　ありませんか。
そして、テーブルの　上には、こんな
おきてがみが　ありました。

> おまえの　おやつは、おれたちが
> もらったぞ。わるく　おもうなよ。
> 森の　かいとうさんかくより。

まるちゃんは、まっかに　なって
おこりました。

（木村裕一『○△ジャンボかいじゅう』ポプラ社）

ママケーキは、どう　なって　いた？	テーブルの　上には、なにが　あった？
なにものかに（　　　）いた。	（　　　）が　あった。

4 おきてがみは、だれからの　ものでしたか。（15てん）

（　　　　）

5 おきてがみを　見た　まるちゃんは、どんな　ようすでしたか。（一つ10てん）

（　　　　）に　なって

（　　　　）。

なにが おこったかを つかむ

おうよう ★★★

てん

◆つぎの 文しょうを よんで こたえましょう。

ねこの みねこは、赤い くつを
かって もらいました。
きいろい 花かざりの ついた くつでした。
「うれしいな。だれかに 見せたいな」
みねこは、くつを はいて、そとに
出ました。
「きねこちゃんに 見せようかな。
かねこちゃんが いいかな」
ところが、あんまり いそいで
はしったので、石に つまずいて
ころんで しまいました。
「いたいっ！」
あわてて おき上がって みると、右の
くつから、花かざりが とれて いました。

1 みねこは、どんな くつを かって もらいましたか。（一つ10てん）

いろ	ついて いる もの
（　　　）	（きいろい　　　）。

2 ころんだ みねこが おき上がると、くつは どう なって いましたか。（一つ10てん）

右の くつから、（　　　）が
（　　　）いた。

3 みねこが 花かざりを ひろおう と すると、花かざりは どう なりましたか。（一つ10てん）

「やだわ」
おちた　花かざりを　ひろおうと
すると――。
花かざりが、ゆびの　あいだから
するりと　ぬけて、ころがり出しました。
「……？」
花かざりは、ころころ
ころがって　いきました。
「まてえ」
みねこは　おいかけました。
花かざりは、はらっぱまで　ころがって、
草の　中に　もぐりこんで　しまいました。
さあ　たいへんです。どこに　いったか
わかりません。

（寺村輝夫『たまごがわれたら』フレーベル館）

花かざりが　どう　なるかや、はらっぱで
なにが　おこるかなどを　そうぞうして
みよう。

ゆびの　あいだから
（　　　　）と　ぬけて、
（　　　　）。

4 花かざりは、どう　なりましたか。（20てん）

はらっぱまで　ころがって、草の　中に
（　　　　）しまった。

5 この　あと、どんな　ことが
おこると　おもいますか。じゆうに
かんがえて　かきましょう。（20てん）

ひょうげんりょく

（　　　　）

41 せつめい文 きほん

文をつなぐ ことばに 気を つけて よむ

文と 文の つながりを たしかめながら よみましょう。

◆つぎの 文しょうを よんで こたえましょう。

大むかし、ペンギンの そせん*は、空を とんで いました。

でも、りくに てきが いなかったので、とんで にげる ひつようが なくなりました。

また、さかなを とる ために、およぐ ことが うまく なければ なりませんでした。

□、ペンギンは、空を とぶより、およぐのに べんりな からだに かわり、とべなく なったと かんがえられて います。

＊そせん…生きものが、いまの ものに かわる まえの もの。

（かき下ろし）

1 ペンギンの そせんが、とんで にげる ひつようが なくなったのは、なぜですか。（一つ30てん）

りくに〔　　　〕が〔　　　〕から。

2 □に 入る ことばを えらんで、（　）に ○を つけましょう。（40てん）

（　）でも
（　）だから
（　）しかし

□の まえの 文の わけが、あとの 文に かかれて いるね。

てん

42

せつめい文

文を つなぐ ことばに 気を つけて よむ

きほん ★

てん

◆つぎの 文しょうを よんで こたえましょう。

からだの 大きい ゾウにも、虫は つきます。でも、ゾウは、サルのように、手を つかって 虫を とりのぞく ことは できません。

そこで ゾウは、ちえを しぼりました。水あびや すなあび、どろあびを して、からだに ついた 虫を おとすのです。

とくに、どろあびには、あとで かわいた どろが からだを おおって、虫が つくのを ふせぐ はたらきも あります。

（成島悦雄 監修『動物のちえ② 身を守るちえ』偕成社）

1 ゾウは、なにを して、からだに ついた 虫を おとしますか。（一つ25てん）

〔　　〕や すなあび、〔　　〕を する。

2 どろあびには、どんな はたらきが ありますか。（一つ25てん）

あとで 〔　　〕どろが からだを おおって、〔　　〕はたらき。

「そこで ゾウは、ちえを しぼりました。」と いう 文の あとを よく よもう。

文を　つなぐ　ことばに　気を　つけて　よむ

きほん ★★★

てん

◆つぎの　文しょうを　よんで　こたえましょう。

へやの　中で　手を　たたくと、パチンと　音が　しますね。□、おふろの　おゆの　中で　おなじように　手を　たたいても、音は　出ません。
これは、おゆが　手の　うごきを　じゃまして　いる　ために、手を　すばやく　うごかす　ことが　できないからです。
すばやく　手を　あわせる　ことが　できないと、音は　出ないのです。

（かき下ろし）

❶ □に　入る　ことばを　えらんで、（　）に　○を　つけましょう。（40てん）

（　）だから
（　）それで
（　）ところが

□の　まえの　文と
あとの　文は、はんたいの
ことを　いって　いるね。

❷ おゆの　中で、手を　すばやく　うごかす　ことが　できないのは、なぜですか。（一つ30てん）

おゆが、手の　〔　　〕を
〔　　〕して　いる　ため。

文を　つなぐ　ことばに　気を　つけて　よむ

きほん ★★★

◆つぎの　文しょうを　よんで　こたえましょう。

ナマケモノは、ねったいの　森に　すんで　いて、一生の　ほとんどの　じかんを　木に　ぶら下がって、くらして　います。うごきも　にぶく、いつも　ねむって　ばかり。

□、なまけて　いる　わけでは　ありません。ナマケモノは、もともとが、なるべく　たい力を　つかわないように　して　生きる　どうぶつなのです。

（成島悦雄　監修『動物のちえ④　眠るちえ』偕成社）

1 □に　入る　ことばを　えらんで、（　）に　○を　つけましょう。（40てん）

（　）だから
（　）でも
（　）そして

□の　まえと　あとの　ぶぶんを　よく　よんで、どの　ことばで　つなぐと　よいか、かんがえよう。

2 ナマケモノは、もともと　どのように　して　生きる　どうぶつですか。（一つ30てん）

なるべく〔　　　　〕を〔　　　　〕ように　して　生きる　どうぶつ。

てん

文をつなぐ ことばに 気をつけて よむ

れんしゅう ★★★

◆ つぎの 文しょうを よんで こたえましょう。

かぜを ひくと、ねつが 出たり、せきが 出たり して、つらいですね。どうして かぜを ひくのでしょう。

かぜを ひくのは、「ウイルス」などの、びょうきを おこす もとが、からだの 中で ふえた ときです。ウイルスは、とても 小さな 生きもので、目には 見えませんが、空気の 中に たくさん います。だから、いきを したり、ものを たべたり するだけで、はなや 口から からだの 中に 入って きます。けんこうな ときは、からだは ウイルスを かんたんに やっつける

❶ かぜを ひくのは、どんな ときですか。（一つ15てん）

ウイルスなどの、〔　　　〕を おこす もとが、からだの 中で 〔　　　〕とき。

❷ ウイルスが、――のように する だけで、からだの 中に 入って くるのは なぜですか。（一つ15てん）

ウイルスが、とても 〔　　　〕生きもので、〔　　　〕の 中に たくさん いるから。

てん

ことが　できます。
しかし、からだが　よわって　いる
ときには、やっつける　ことが　できません。
□、からだの　中で　ウイルスが
ふえて、かぜを　ひいて　しまうのです。
ねつが　出たり、せきが　出たり
するのは、からだが　ウイルスと
たたかって、かぜを　なおそうと　して
いる　しょうこです。

（かき下ろし）

□の　まえの　ぶぶんに
わけが　かいて　あるよ。

3 ウイルスを　やっつける　ことが
できないのは、どんな　ときですか。（10てん）

からだが　［　　　　］
いる　とき。

4 □に　入る　ことばを
えらんで、（　）に　○を　つけましょう。（10てん）

（　）しかし
（　）だから
（　）また

5 ねつや　せきは、なんの
しょうこですか。（一つ10てん）

からだが　ウイルスと
［　　　　］、かぜを
［　　　　］と　して
いる　しょうこ。

文を つなぐ ことばに 気を つけて よむ

れんしゅう ★★★

てん

◆つぎの 文しょうを よんで こたえましょう。

スミレの 花は、めしべに ほかの 花の、おしべの 花ふんが つくと、実を つくります。虫を あまい みつで さそい、花から 花へと 花ふんを はこんで もらうのです。

［　　］、スミレの 花には、虫に 花ふんを はこんで もらえず、実に ならない ものが たくさん あります。なぜでしょうか。

それは、スミレが さく はるの はじめは、虫が とても すくないからです。スミレは、ビロードツリアブなどの 口の ながい

1 スミレの 花は、どのように して 花ふんを はこんで もらいますか。（15てん）

虫を〔　　　　　〕で さそい、花から 花へと 花ふんを はこんで もらう。

2 ［　］に 入る ことばを えらんで、（　）に ○を つけましょう。（15てん）

（　）でも
（　）だから
（　）たとえば

3 スミレの 花に、――のような ものが たくさん あるのは なぜですか。（一つ15てん）

虫だけに　みつを　すわせて、
花ふんを　はこんで　もらう　くふうを
して　います。それでも、はるに
さかせた　花の　はんぶんも、実に
なれないのです。

（多田多恵子監修『花のたね・木の実のちえ②　スミレとアリ』偕成社）

スミレが　さく〔　　　〕の
〔　　　〕は、虫が　とても
〔　　　〕から。

4 スミレは、どんな　くふうを　して
います か。（10てん）

口の〔　　　〕虫だけに
みつを　すわせて、花ふんを　はこんで
もらう　くふう。

5 実に　なれない　スミレの　花は、
どのくらい　ありますか。（15てん）

はるに　さかせた　花の
〔　　　〕。

文を つなぐ ことばに 気を つけて よむ

◆つぎの 文しょうを よんで こたえましょう。

わたしたちが 生まれて 六か月ごろから 三さいごろまでに、「にゅうし」という 子どもの 歯が 生えます。

にゅうしは ぜんぶで、二十本です。

やがて、五、六さいくらいに なると、からだが 大きく なって きて、あごも 大きく なります。

でも、一本 一本の 歯は、大きく なりません。にゅうしは 小さくて、よわい ままなのです。

小さな 歯では、大きく なった からだに あいませんね。

［　］、あごに あった、つよくて

おうよう ★★★

1 にゅうしは、いつごろ 生えますか。（一つ10てん）

わたしたちが 生まれて
（　　）ごろから
（　　）ごろまでに 生える。

2 五、六さいくらいに なると、からだや あご、歯は どう なりますか。（一つ15てん）

からだや あご	一本 一本の 歯
（　　）なる。	大きく ならない。にゅうしは（　　）、よわい まま。

てん

大きい　歯が　ひつように　なるのです。
それで、歯が　生えかわりはじめます。
五、六さいから、十二さいごろまでに、
おとなの　歯が　生えて　きて、
にゅうしは　ぬけて　しまいます。
また、にゅうしの　おくに、大きくて
じょうぶな　あたらしい
おくばも　生えて　きます。
それは、六さいごろに　生える
「六さいきゅうし」と、十二さいごろに
生える「十二さいきゅうし」です。
このほか、「おやしらず」と　よばれる
おくばが、四本　あります。これは、生えて
くる　人と　生えない　人が　います。

（大山光晴　総合監修『なぜ？どうして？かがくのお話1年生』Gakken）

3　□に　入る　ことばを　えらんで、（　）に　○を　つけましょう。（10てん）

（　）ところが
（　）でも
（　）だから

4　おとなの　歯は、いつごろ　生えて　きますか。（10てん）

五、六さいから、（　　　　）

さいごろまでに　生えて　くる。

5　歯が　生えかわるころには、どんな　歯が　生えて　きますか。（一つ15てん）

大きくて（　　　　）な

あたらしい（　　　　）。

文をつなぐことばに気をつけてよむ

◆つぎの文しょうをよんでこたえましょう。

森にたくさんなる木の実も、チンパンジーの大こうぶつ。
□、かたい木の実からは、チンパンジーのきょう力なあごをつかっても、なかなかわることはできません。
そこでチンパンジーは、ちえをしぼります。石をつかって、かたい木の実からをわるのです。チンパンジーはまず、木の実をのせるだいにする石と、手にもって木の実をたたく石をよういします。

おうよう ★★★

1 □に入ることばをえらんで、（　）に○をつけましょう。（20てん）

（　）でも
（　）だから
（　）そこで

2 チンパンジーは、ちえをしぼって、どんなことをしますか。（10てん）

石をつかって、かたい木の実の〔　　〕をわる。

3 チンパンジーは、どんな石をよういしますか。（一つ15てん）

・木の実を〔　　〕

てん

石は、つかいみちに　あった　かたちや
大きさの　ものを　えらびます。そして、
中みを　つぶさず、からだけが
われるように、ちゅういしながら、
ゴンゴンと　木の実を　たたきます。

　どうぶつは　それぞれ、生きのびる
ために、さまざまな　ちえを　しぼり、
ときには　どうぐも　つかって、
たべものを　とったり、
たべたり、また、
＊たくわえたり　して
います。

（成島悦雄 監修『動物のちえ①　食べるちえ』偕成社）

＊たくわえる…ためておく。

だいに　する　石。

・手に　もって　木の実を
（　　　　　　）石。

4 チンパンジーは　どんな　ことに
ちゅういしますか。（20てん）

（　）からを　わらない　こと。
（　）中みを　つぶさない　こと。
（　）石を　つぶさない　こと。

5 生きものの　ようすを　見て、
「ちえが　あるな。」と　おもった
ことを　じゆうに　かきましょう。（20てん）

ひょうげんりょく

49

ものがたり

気もちを　つかむ

きほん

てん

◆つぎの　文しょうを　よんで　こたえましょう。

ふるた・あかねは　六つの　女の子です。
ある　日、あかねは、おかあさんと
いっしょに、かさと　うんどうぐつを
かいに、さくらストアへ　いきました。
あかねと　おかあさんは、かさの
うりばで、かさを　ひとつ　ひとつ
ひろげて　みました。
でも、きに　いるような
かさは、なかなか　ありません。
だから、三十三ばんめに
すばらしい　かさに　ぶつかった　とき、
あかねは　うれしくて　うれしくて、
おもわず　とびあがって　しまいました。

（古田足日『くいしんぼうのロボット』小峰書店）

とうじょう人ぶつの　気もちに
気を　つけて　よみましょう。

❶　あかねは、なにを　かいに
さくらストアへ　いきましたか。（一つ25てん）

（　　　）と（　　　）。

❷　すばらしい　かさに　ぶつかった
ときの　あかねの　気もちは、どんな
ようすから　わかりますか。（50てん）

（　　　）、
おもわず　とびあがって　しまった。

「すばらしい　かさに　ぶつかった　とき、」の
あとの　ぶぶんに、気もちが　かかれて　いるよ。

50 ものがたり

気(き)もちを つかむ

きほん ★★★

てん

◆つぎの 文(ぶん)しょうを よんで こたえましょう。

「いってきまーす！」
ふうたんは、いつものように、げんきよく うちを でました。
でも、それは ほんの はじめだけ。
ふうたんの あしは、その あと、すぐに ぱたっと とまって しまったのです。
きょうは うんどうかい。
かけっこが きらいな ふうたんは、あまり がっこうに いきたく ないのです。

（戸田和代(とだかずよ)『ふうたんのうんどうかい』ポプラ社(しゃ)）

1 ふうたんは、どんな ようすで うちを でましたか。（50てん）

いつものように、（　　　　）うちを でた。

2 かけっこが きらいな ふうたんは、どんな 気(き)もちでしたか。（一(ひと)つ25てん）

あまり（　　　　）に（　　　　）気(き)もち。

「かけっこが きらいな ふうたんは、」から はじまる 文(ぶん)を よむと、ふうたんの 気(き)もちが わかるよ。

気(き)もちを　つかむ

きほん ★★★

てん

◆つぎの　文(ぶん)しょうを　よんで　こたえましょう。

りすの　りりは、かぜを　ひいて、ねこんで　いました。きょうは、なかよしの　ミミと　ピピと、いちごつみに　いく　はずでした。

りりは　さびしくて、ずっと　ためいきを　ついて　いました。

夕(ゆう)がた、おかあさんが、

「ミミちゃんと、ピピちゃんからよ。」

と　いって、かご　いっぱいの　いちごを　見(み)せて　くれました。

「わあっ、おいしそう！」

りりは　うれしく　なって、ベッドから　とびおきました。

（かき下(お)ろし）

気(き)もちが　どう　かわったかに　気(き)を　つけて　よみましょう。

❶ りりは、どんな気(き)もちで　ねこんで　いましたか。（50てん）

（　　　　　　　）気(き)もち。

りりは、いちごつみに　いけなくて、ためいきを　ついて　いたね。

❷ かご　いっぱいの　いちごを　見(み)た　とき、りりは、どんな　気(き)もちに　なりましたか。（50てん）

（　　　　　　　）なった。

52

ものがたり

気もちを　つかむ

きほん

てん

◆つぎの　文しょうを　よんで　こたえましょう。

あきらは、さんすうの　じかんに、こたえを　まちがえて　しまいました。ぜったいに　正かいだと　おもって　手を　あげたのに　まちがえたので、とても　はずかしく　なりました。

休みじかんに、ゆみが　いいました。

「あきらくん、いつも　手を　あげて、すごいね。」

「まちがえちゃったけどね。」

「そうだっけ？　でも、すごいよ。」

あきらは、さっきまでの　はずかしい　気もちが、すうっと　小さく　なって　いく　かんじが　しました。

（かき下ろし）

1 あきらは、こたえを　まちがえて、どんな　気もちに　なりましたか。（40てん）

とても　［　　　　］なった。

2 ゆみに「すごい」と　いわれた　あきらは、どんな　かんじが　しましたか。（一つ30てん）

さっきまでの　［　　　　］気もちが、すうっと　［　　　　］なって　いく　かんじが　した。

あきらと　ゆみが　はなして　いる　ところの　あとの　文を　よく　よもう。

53 ものがたり

気もちを　つかむ

◆つぎの　文しょうを　よんで　こたえましょう。

ある　ひ、さんびきの　ねずみの　きょうだいの　ところへ、おばあちゃんから　てがみが　とどきました。
それには、こんな　ことが　かいて　ありました。

> あたらしい　けいとで、おまえたちの　チョッキを　あんで　います。けいとの　いろは、あおと　あかです。もう　すぐ　あみあがります。たのしみに　まって　いて　ください。

さあ、さんびきは　おおよろこび。

「ぼくのは、あおだよ。」

にいさんねずみが　いいました。

「わたしのは、あかよ。」

れんしゅう ★★★

① ねずみの　きょうだいの　ところへ、だれから　なにが　とどきましたか。（一つ15てん）

（　　　）から　（　　　）が　とどいた。

② てがみには、おばあちゃんが　なにを　して　いると　かいて　ありましたか。（10てん）

ねずみの　きょうだいの　（　　　）を　あんで　いる。

③ てがみを　よんで、さんびきは　どんな　気もちに　なりましたか。（15てん）

てん

ねえさんねずみが　いいました。
「ぼくのは、あおと　あか。」
おとうとねずみが　いいました。
「チロのは、ないよ。」
にいさんねずみが　いいました。
チロと　いうのは、おとうとねずみの
なまえです。
「そうよ。あおいのと　あかいのだけよ。」
ねえさんねずみが　いいました。
「そんな　こと　ないよ。ぼくのも　あるよ。」
チロは、あわてて　いいかえしましたが、
ほんとうは、とても　しんぱいでした。
もしかすると　おばあちゃんは、いちばん
ちいさい　チロの　ことを、わすれて
しまったのかも　しれません。

（森山京「しまじま」・『おとうとねずみチロのはなし』講談社）

〔　　　　〕した。

おばあちゃんの　てがみの　文しょうの　あとを
よむと、さんびきの　気もちが　わかるよ。

4 チロは、じぶんの　チョッキは、
なにいろだと　いいましたか。（15てん）

「ぼくのは、〔　　　　〕。」

5 チロは、どんな　ことが
しんぱいに　なりましたか。（一つ15てん）

もしかすると
〔　　　　〕は、
いちばん　ちいさい　チロの　ことを、
〔　　　　〕しまったのかも
しれないと　いう　こと。

気(き)もちを　つかむ

れんしゅう ★★★

てん

◆つぎの　文(ぶん)しょうを　よんで　こたえましょう。

こぎつねの　ふうたが、はやしの　なかで
しろい　かみひこうきを　みつけました。
（あたらしくて　ぴっかぴか。）
ふうたは　うれしくて、さっそく
とばして　みる　ことに　しました。
（ここだったら、きに　ひっかかる。
そうだ。みなみの　はらで　とばそう。
あそこなら　ひろいから。）
ふうたは　はしって　のはらに　いくと、
（とびますように。）
ちから　いっぱい
そらに　むかって
なげました。

1 ふうたは、どうして　うれしく　なったのですか。（一(ひと)つ15てん）

はやしの　なかで、あたらしくて　［　　　　］の、しろい　［　　　　］を　みつけたから。

2 ふうたは、どう　おもいながら　かみひこうきを　なげましたか。（20てん）

はじめの　ぶぶんを　よく　よもう。

［　　　　］

3 かみひこうきは、どんなふうに　とびましたか。（一(ひと)つ10てん）

［　　　　］

「すごーい。」
かみひこうきは、まっしろな
とりみたいに　すいすい　とびました。
一かい。二かい。三かい。
三かいめが　とびすぎて、のはらの
はしに　たって　いる　いちょうの
はの　きいろい　かたまりの　なかに、
すーっと　すいこまれて　しまいました。
「あああ。がっかり。」
ふうたは、なんかいも　のびあがったり、
とんで　みたり、ふとい　みきを、
たたいて　みたり　しました。
（せっかく　ここまで　もって
きたのにな。）

（あまんきみこ『ふうたの　かぜまつり』あかね書房）

まっしろな［　　　］みたいに［　　　］とんだ。

4 とびすぎた　かみひこうきは、どう　なって　しまいましたか。（10てん）

いちょうの　はの　きいろい　かたまりの　なかに、すーっと［　　　］しまった。

5 かみひこうきが　**4**のように　なって　しまった　とき、ふうたは　なんと　いいましたか。（20てん）

「［　　　］。」

ふうたが　いった　ことばから、その　ときの　ふうたの　気もちが　わかるね。

気（き）もちを　つかむ

◆つぎの　文（ぶん）しょうを　よんで　こたえましょう。

ようちえんの　にわの　かしの木（き）の
えだに、ばんごうつきの　かんが、
いくつも　つるされました。
こどもたちが　とびあがって、
手（て）を　のばして　かんに
さわると、かんの　なかの
すずが　りんりんと　なります。
まえ、この　かんが　つるされたのは、
きょねんの　五（ご）がつの　ことでした。
その　とき、りょうは　一（いち）ばん　ひくい
一（いち）の　かんにしか　とどきませんでした。
ところが、いま、二（に）の　かんに
らくらく　とどきます。りょうは
うれしく　なりました。

❶ こどもたちが　ばんごうつきの　かんに　さわると、どう　なりますか。（一（ひと）つ15てん）

かんの　なかの　〔　　　　〕が
〔　　　　〕と　なる。

❷ りょうは、どの　かんに　とどく　ように　なりましたか。（一（ひと）つ15てん）

きょねんの　五（ご）がつ	いま
一（いち）ばん　〔　　　　〕　一（いち）の　かんにしか　とどかなかった。	〔　　　　〕に　らくらく　とどく。

「わかったー。ぼく、おおきく
なったんだ！」
ほかの　こたちも　いって　います。
「ほらほら、三の　かんに　とどいたぞー。」
しかし、りょうと　まさきは、三の
かんには　とどきません。
しんごが　わらいました。
「おれは　四の　かんに
とどくんだぞ。」
「ぼく、さくらぐみに
なったら、三の　かんに
とどくよ。」
と、まさきは　のんびり　いいました。
しかし、りょうは　くやしくて　なりません。

（古田足日『ともだちいっぱい　ぐみのきようちえん』
ベネッセコーポレーション）

3 うれしく　なった　りょうは、
なんと　いいましたか。（20てん）

「わかったー。ぼく、
（　　　　　　）！」

4 しんごが　「おれは　四の　かんに
とどくんだぞ。」と　いった　とき、
りょうは　どんな　気もちに
なりましたか。一つ　えらんで、
○を　つけましょう。（20てん）

（　）とても　うれしかった。
（　）とても　びっくりした。
（　）とても　くやしかった。

気もちを　あらわす　ことばを
さがして　よもう。

56 ものがたり

気もちを　つかむ

◆つぎの　文しょうを　よんで　こたえましょう。

やまの　こぎつねが、やぶに　かくれて　みて　いました。
あたらしく　できた　どうろを、にんげんの　おとこのこが　じてんしゃに　のって　はしって　きます。
「いいなあ！　チリン　リン！　だって。あの　チリン　リンに　のりたいなあ。」
すると、
ひゅーっ、くるくるくるくる……
じてんしゃから　なにか　とんで　きました。
とんで　きたのは、おとこのこが　かぶって　いる　うみのように　あおい　むぎわらぼうしでした。
こぎつねは、ぴゅっと　とびついて

おうよう★★★

1　こぎつねは、やぶに　かくれて　なにを　みて　いましたか。（一つ10てん）

あたらしく　できた　どうろを、
にんげんの（　　　）が
（　　　）に　のって
はしって　くる　ところ。

2　1の　ようすを　みて、こぎつねは　なにを　したいと　いいましたか。（一つ15てん）

「あの（　　　）に
（　　　）。」

てん

ぼうしを　つかまえました。

「あ、ありがとう！　きつねくん」

　こぎつねは、おとこのこに　むぎわらぼうしを　わたすと、じてんしゃの　そばへ　よって　みました。

「これ、にいちゃんの　おふる。もう　じき、ぴかぴかの　じてんしゃ　かって　もらうの。たんじょうびに……」

　おとこのこは、いいました。

「そしたら、のせて　やるね」

　こぎつねは、びっくりしました。

「十三（じゅうさん）　ねたら、ここで　まってて。おひる　たべて　すぐ、むかえに　くるからね。やくそくだよ」

　リン！　チリン！

　おとこのこは、いって　しまいました。

（武鹿悦子（ぶしかえつこ）『あおいむぎわらぼうし』鈴木出版（すずきしゅっぱん））

こぎつねの　気（き）もちを　そうぞうしながら　よもう。

3 じてんしゃから　なにが　とんで　きましたか。（15てん）
うみのように　あおい
（　　　　　）。

4 おとこのこが「そしたら、のせて　やるね」と　いった　とき、こぎつねは、どんな　気（き）もちに　なりましたか。（15てん）
（　　　　　）した。

5 〜〜の　あと、こぎつねは、なんと　いったと　おもいますか。じゆうに　かんがえて　かきましょう。（20てん）

ひょうげんりょく
（　　　　　）

57

せつめい文

くらべて よむ

きほん ★★★

◆つぎの 文しょうを よんで こたえましょう。

ヒラメと カレイは、どちらも うすくて、ひらべったい からだを して います。

また、どちらも うみの そこの すなに かくれて くらして いる ため、からだの いろも よく にて います。

マグロや アジなど おおくの さかなは、からだの りょうがわに 目が あります。

でも、ヒラメや カレイは、目が からだの かたがわに あります。（かき下ろし）

ヒラメ　カレイ　マグロ

おなじ ところや ちがう ところに 気を つけて よみましょう。

1 ヒラメと カレイは、どんな からだを して いますか。（一つ30てん）

どちらも〔　　〕、〔　　〕からだ。

2 ヒラメや カレイは 目が どこに ありますか。（40てん）

からだの〔　　〕。

マグロや アジなどと ちがうんだね。

てん

くらべて よむ

きほん ☆☆★

てん

◆つぎの 文しょうを よんで こたえましょう。

あきが ふかまりました。おちた
ドングリは、どう なったでしょうか。
じめんに おちて、その ままに なった
ドングリは、つめたく、かわいた 空気に
さらされて、ひからびたり、からが
われたり します。これでは、
もう、めを 出す ことは できません。
いっぽう、おち葉の 下に 入った
ドングリは、かわいた 空気に
あたらなかったので、めを 出す ことが
できます。

（多田多恵子 監修『花のたね・木の実のちえ④ ドングリとリス』偕成社）

ドングリが どこに あるかに よって、ちがいが あるんだね。

1 あきが ふかまり、おちた ドングリは どう なりましたか。（一つ20てん）

じめんに おちて、その ままに なった ドングリ	おち葉の 下に 入った ドングリ
つめたく、かわいた 空気に さらされて、ひからびたり、（　　）が（　　）する。めを 出す ことは（　　）。	かわいた 空気に（　　）ので、めを 出す ことが（　　）。

くらべて よむ

◆つぎの 文しょうを よんで こたえましょう。

クレーン車は、おもい にもつを たかい ところに はこぶ 車です。

ながく のびる ブームの 先に、ワイヤーと フックが ついて います。

はしご車は、火じの とき、たかい ところで 火を けしたり、人を たすけたり する 車です。

ながく のびる はしごの 先に、バスケットが あります。

（かき下ろし）

1 クレーン車は、なにを する 車ですか。（一つ25てん）

［　　　］にもつを
［　　　］ところに
はこぶ 車。

2 上の えの あ・いに あう ことばを かきましょう。（一つ25てん）

あ…［　　　］

い…［　　　］

それぞれの 車には、なにが ついて いるかな？ えを 見ながら よもう！

てん

60 せつめい文

くらべて よむ

きほん

てん

◆つぎの 文しょうを よんで こたえましょう。

さきが するどく
とがった くちばしです。
これは、なんの
くちばしでしょう。
これは、きつつきの くちばしです。
（中りゃく）
ふとくて、さきが
まがった くちばしです。
これは、なんの
くちばしでしょう。
これは、おうむの くちばしです。

（令和2年度版 光村図書『こくご一上 かざぐるま』53～56ページ より「くちばし」むらたこういち）

1 きつつきの くちばしは、どんな かたちですか。（一つ30てん）

（　　　）が するどく
（　　　）かたち。

「これは、きつつきの くちばしです。」と いう 文の まえの ぶぶんを よく よもう。

2 おうむの くちばしに あう えを えらんで、（　）に ○を つけましょう。（40てん）

（　）

（　）

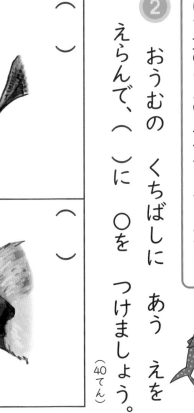

61 せつめい文

くらべて よむ

◆つぎの 文しょうを よんで こたえましょう。

〔あいだに すがたを かえた ものです。とりは、きょうりゅうが ながい 年月の〕

とりと きょうりゅうとでは、ずいぶん ちがって いるように 見えますね。でも、ほねや 足の つきかたなど からだの つくりを よく しらべて みると、とても にて いるのです。
大きさは どうでしょう。ほとんどの とりは、きょうりゅうより ずっと 小さな からだを して います。
なぜ、とりたちは このように 小さく

れんしゅう ★★★

① 上の 文しょうでは、どんな 生きものに ついて せつめいして いますか。（一つ5てん）

〔　　〕と〔　　〕。

② ①の 生きものは、どんな ところが にて いますか。（一つ10てん）

〔　　〕や 足の〔　　〕など〔　　〕の つくり。

「とても にて いるのです」と いう ことばを さがそう。

てん

なったのでしょう?
それは、空を　とぶには
小さくて　かるい　からだの　ほうが
つごうが　いいからです。
また、小さければ　たべものも
すくなくて　すみます。
小さく　なった　とりは、花の
みつや　草の　たねなど
ほんの　すこしの　えさを　たべて
生きて　いけるように　なったのです。

(大島英太郎『とりになったきょうりゅうのはなし』福音館書店)

小さく　なった　わけを、二つ
せつめいして　いるよ。

3 大きさを　くらべると、どう
ちがいますか。　(一つ10てん)

ほとんどの　(　　　　)は、
きょうりゅうより　ずっと
(　　　　)からだを
して　いる。

4 とりは、なぜ　小さく　なったの
ですか。　(一つ10てん)

・空を
(　　　　)には　小さくて
(　　　　)からだの　ほうが
つごうが　いいから。

・小さければ、
(　　　　)も
(　　　　)すむから。

62 せつめい文 くらべて よむ

◆つぎの 文しょうを よんで こたえましょう。

タンポポを 見つけたら、花の うらがわを 見て みましょう。くきの すぐ 上の、みどりいろの ぶぶんが ＊そりかえって いれば セイヨウタンポポ、くっついて いれば 日本の タンポポです。

町なかでは、セイヨウタンポポの ほうが、おおく 見られます。どうしてでしょうか。

日本の タンポポは、ほかの 花の 花ふんを 虫に はこんで もらわないと、たねを つくる ことが できません。でも、セイヨウタンポポは、虫が こなくても 一つの 花だけで たねが できるので、たくさんの たねが

れんしゅう ★★★

① それぞれの タンポポに あう えを ●―●で むすびましょう。（一つ15てん）

日本の タンポポ ・　　・

セイヨウ タンポポ ・　　・

そりかえって いる。
くっついて いる。

② セイヨウタンポポは、どうして たくさんの たねが できるのですか。（一つ10てん）

（　　　）が こなくても、一つの（　　　）だけで たねが できるから。

「花の うらがわ」の ちがいを くらべよう。

てん

なります。また、セイヨウタンポポの
たねは、日本(にほん)の　タンポポの　たねよりも
かるいので、より　とおくまで
とばされます。

このような　しくみは、ビルや
どうろが　おおく、土(つち)の　じめんが
すくない　町(まち)なかでは　つごうが
よいので、セイヨウタンポポは、ふえて
いったのです。

（多田多恵子(ただたえこ) 監修(かんしゅう)『花(はな)のたね・木(き)の実(み)のちえ①　タンポポのわたげ』
偕成社(かいせいしゃ)）

＊そりかえる…ゆみのように、うしろのほうにまがる。

❸ セイヨウタンポポの　たねには、
どんな　とくちょうが　ありますか。
（一(ひと)つ10てん）
日本(にほん)の　タンポポの　たねよりも
（　　　　）ので、より
（　　　　）まで　とばされる。

❹ 〰と　ありますが、これは
どうしてですか。
（一(ひと)つ15てん）
ビルや（　　　　）が
おおく、（　　　　）が
すくない　町(まち)なかで　つごうが　よい
たねの　しくみを　して　いるから。

くらべて よむ

おうよう ★★★

◆ つぎの 文しょうを よんで こたえましょう。

　ライオンの 赤ちゃんは、生まれた ときは、子ねこぐらいの 大きさです。目や 耳は、とじた ままです。ライオンは、どうぶつの 王さまと いわれます。けれども、赤ちゃんは、よわよわしくて、おかあさんに あまり にて いません。
　ライオンの 赤ちゃんは、じぶんでは あるく ことが できません。よそへ いく ときは、おかあさんに、口に くわえて はこんで もらうのです。
（中りゃく）

1 ライオンの 赤ちゃんと しまうまの 赤ちゃんは、生まれた とき、どんな ようすですか。（一つ10てん）

ライオンの 赤ちゃん	しまうまの 赤ちゃん
（　　　）ぐらいの 大きさ。	（　　　）ぐらいの 大きさ。
目や 耳は、（　　　）まま。	目は （　　　）いて、耳も ぴんと （　　　）いる。
よわよわしくて、おかあさんに	（　　　）の

てん

しまうまの　赤ちゃんは、生まれた
ときに、もう　やぎぐらいの
大きさが　あります。
目は　あいて　いて、耳も
ぴんと　立って　います。
しまの　もようも　ついて　いて、
おかあさんに　そっくりです。
しまうまの　赤ちゃんは、生まれて
三十ぷんも　たたない　うちに、じぶんで
立ち上がります。そして、つぎの
日には、はしるように　なります。だから、
つよい　どうぶつに　おそわれても、
おかあさんや　なかまと　いっしょに
にげる　ことが　できるのです。

（令和2年度版　光村図書『こくご一下　ともだち』93～96ページ
より「どうぶつの　赤ちゃん」ますいみつこ）

あまり　にて　いない。
もようも　ついて　いて、おかあさんに　そっくり。

2 ライオンの　赤ちゃんは、よそへ　いく　とき、どう　しますか。（一つ10てん）

おかあさんに、
（　　　　）に（　　　　）
はこんで　もらう。

3 しまうまの　赤ちゃんが、——の　ように　できるのは、なぜですか。（一つ10てん）

生まれて　三十ぷんも　たたない
うちに、（　　　　）
立ち上がり、つぎの　日には、
（　　　　）ように　なるから。

くらべて よむ

◆つぎの 文しょうを よんで こたえましょう。

イカと タコの 足は にて いますが、くらべると ちがいが わかります。どちらも、きまった＊一ついを のばして えものを つかまえますが、イカの その 一ついは「しょくわん」と よばれ、ふだんは、ほかの 八本の 足の あいだに かくして います。また、ほとんどの イカは 足で あるきません。

いっぽう タコは、えものを とらえる 一ついが、いつも 出て いて、かいていの ようすを さぐったり、

おうよう ★★★

❶ イカと タコは、足を どのように つかって えものを つかまえますか。（10てん）

どちらも、きまった 一ついを
［　　　　］つかまえる。

❷ えものを つかまえる ための 足は、それぞれ どうなって いますか。（一つ10てん）

・イカ…ふだんは、ほかの 八本の 足の［　　］に［　　］いる。

・タコ…いつも［　　］いる。

❸ タコは、えものを とらえる 足で どんな ことを しますか。（一つ10てん）

てん

石を　ひきよせたり、手のように
はたらきます。そして、ほかの　六本の
足で　かいていを　あるきます。
＊2きゅうばんの　しくみも　ちがいます。
イカの　きゅうばんには、かたくて
ぎざぎざした　わっかが　あり、それを
ひっかけて　くっつきますが、タコの
きゅうばんは、中の　空気を　ぬく　ことで
すいつきます。

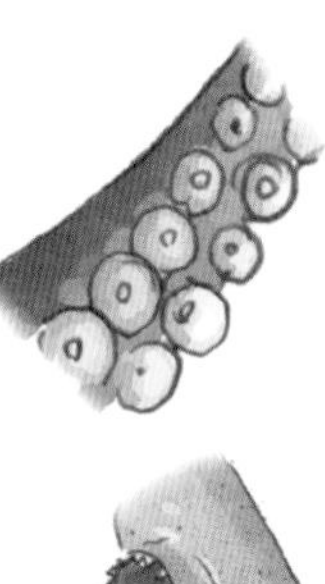

（増井光子 監修『どうぶつのからだ⑤　どうぶつの手と足』偕成社）

＊1一つい…二つで　一くみに　なって　いる　もの。
＊2きゅうばん…ほかの　ものに　すいつく　はたらきを　する　ところ。

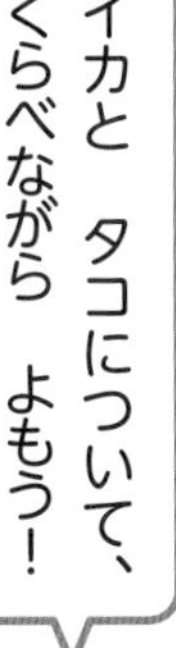

イカと　タコについて、
くらべながら　よもう！

（　　　　）の　ようすを
さぐったり、石を
（　　　　）たり　する。

4　イカの　きゅうばんには、なにが
ありますか。（一つ10てん）

かたくて（　　　　）
した（　　　　）が　ある。

5　イカと　タコに　ついて、あなたが
ほかに　しりたい　ことは　どんな
ことですか。（20てん）

ひょうげんりょく

（　　　　　　　　）

だいじな ことを つかむ

きほん ★★★

てん

◆つぎの 文しょうを よんで こたえましょう。

　ダンゴムシは、てきに おそわれると、まるく なって じっと して います。こう する ことで、あたまや はらを まもり、たべられないように して います。

　また、あつい なつや、空気が かわいて いる ふゆにも、まるく なって、からだが かわくのを ふせぎます。

　このように、ダンゴムシは まるく なる ことで、いろいろな きけんから み・を まもって いるのです。

（かき下ろし）

さいごの 文を よく よもう。

だいじな ことばや 文に 気を つけて よみましょう。

1　ダンゴムシが、てきに おそわれた とき、まるく なるのは なぜですか。（40てん）

てきに〔　　　　〕ように する ため。

2　上の 文しょうは、どんな ことを せつめいして いますか。（一つ30てん）

ダンゴムシは、まるく なる ことで、いろいろな〔　　　　〕から み・を〔　　　　〕いると いう こと。

66 せつめい文

だいじな ことを つかむ

きほん ★★★

てん

◆つぎの 文しょうを よんで こたえましょう。

ころんだり して、ちが 出ると、やがて かさぶたが できます。
かさぶたは、きず口を ふさいで、ちが 出るのを とめたり、ばいきんが 入って くるのを ふせいだり します。
そして、かさぶたの 下では、きずの しゅうりが はじまります。
かさぶたは きずを なおす ための、たいせつな ものなのです。

（かき下ろし）

1 かさぶたは、どんな やく目を して いますか。（一つ25てん）

きず口を （　　　　）、ちが 出るのを とめたり、（　　　　）が 入って くるのを ふせいだり する。

2 かさぶたは、どんな ものですか。（一つ25てん）

きずを （　　　　） ための、（　　　　）な もの。

「かさぶたは〜ものなのです。」と いう 文を さがそう。

だいじな ことを つかむ

きほん ★★★

てん

◆つぎの 文しょうを よんで こたえましょう。

　アブラムシの ちかくに、アリが やって きました。
　アブラムシは、おしりから あまい しるを 出して、アリに あげて います。
　アリは アブラムシを たべようと する テントウムシなどが ちかづいて くると、それを おいはらいます。
　このように、アブラムシと アリは、たすけあって くらして いるのです。

（かき下ろし）

1 アブラムシは、アリに なにを あげて いますか。（一つ30てん）

［　　　］から 出す ［　　　］しる。

2 上の 文しょうから、どんな ことが わかりますか。（40てん）

アブラムシと アリが ［　　　］ くらして いる こと。

さいごの 文で、
文しょうの ないようを
まとめて いるよ。

だいじな ことを つかむ

きほん ★★★

てん

◆つぎの 文しょうを よんで こたえましょう。

ほとんどの カップめんは、おゆを入れれば、三ぷんで できあがります。なぜ そんなに はやく できあがるのでしょうか。

ひみつは、めんに あります。じつは、めんには 小さな あなが たくさん あいて います。この あなに おゆが どんどん すいこまれ、めんが やわらかく なるのです。

（千葉和義 監修『親子で楽しめる！ なぜ？ どうして？ 科学の ふしぎ 一年生』池田書店）

1 カップめんが はやく できあがる ひみつは なにに ありますか。（40てん）

［　　　　］

「なぜ そんなに はやく できあがるのでしょうか。」と いう といかけの 文の すぐ あとを よもう。

2 めんは、どのように やわらかく なりますか。（一つ30てん）

めんに あいた 小さな ［　　　　］に おゆが どんどん ［　　　　］、めんが やわらかく なる。

だいじな ことを つかむ

れんしゅう ★★★

てん

◆つぎの 文しょうを よんで こたえましょう。

雨が、くもから ふって くるのは、しって いますね。どう やって ふって くるのでしょう。

くもは、小さな 水の つぶや、こおりの つぶが たくさん あつまって できて います。

その 水や こおりの つぶは、くっつきあって だんだんと 大きく なって いきます。

大きく、おもく なった つぶは、その まま うかんで いられなく なり、空から おちて きます。それが 雨なのです。

1 上の 文しょうでは、なにに ついて せつめいして いますか。（　）に ○を つけましょう。（15てん）

（　）雨が どこから ふって くるのかに ついて。

（　）雨が どう やって ふって くるのかに ついて。

（　）雨が どのくらい ふるのかに ついて。

2 くもは どのように して できて いますか。（一つ15てん）

小さな ［　　　　］の つぶや、

はじめの ぶぶんを よく よもう。

（　　）の　つぶが
たくさん（　　）
できて　いる。

小さい
つぶが
あつまる。

大きく
なる。

雨に　なる。

（大山光晴　総合監修『なぜ？どうして？かがくのお話1年生』Gakken）

3 ②の　つぶは、どう　なって
いきますか。（10てん）

（　　）あって
だんだんと　大きく　なって　いく。

4 大きく、おもく　なった　つぶは、
どう　なりますか。（一つ15てん）

その　まま（　　）
いられなく　なり、空から
（　　）くる。

くもや　雨が　どうやって
できるのか　わかったかな？

だいじな ことを つかむ

れんしゅう ★★★

てん

◆つぎの 文しょうを よんで こたえましょう。

どうぶつの しっぽは いろいろな かたちを して います。そして、その しっぽには、いろいろな やく目が あるのです。

足の はやい チーターは、えものを おいかける とき、しっぽで バランスを とる ことで、すばやく からだの むきを かえる ことが できます。

また、木の 上で くらす クモザルは、しっぽで えだを つかんで ぶら下がる ことが できます。

キリンや ウシは、しっぽを ふって、からだに つく ハエや アブなどの

1 上の 文しょうは、どんな ことに ついて せつめいして いますか。（20てん）

どうぶつの （　　　　）の やく目に ついて。

文しょうの 中に なんども 出て くる ことばに 気を つけて よもう。

2 チーターは、しっぽで バランスを とる ことで、どんな ことが できますか。（一つ15てん）

すばやく からだの （　　　　）を （　　　　） ことが できる。

虫を おいはらいます。

どうぶつの しっぽは、その どうぶつが 生きて いく ために、その くらしに あった やく目を もって いるのです。

（かき下ろし）

文しょうの おわりで、
だいじな ことを
まとめて いるよ。

3 クモザルは、しっぽで どんな ことが できますか。（　）に ○を つけましょう。（20てん）

（　）バランスを とって、木から とびおりる ことが できる。

（　）からだに つく 虫を おいはらう ことが できる。

（　）木の えだを つかんで ぶら下がる ことが できる。

4 どうぶつの しっぽは、どんな やく目を もって いますか。（一つ15てん）

その どうぶつが 〔　　　　〕 いく ために、その 〔　　　　〕に あった やく目を もって いる。

だいじな ことを つかむ

◆つぎの 文しょうを よんで こたえましょう。

さかなたちは いろいろな ほうほうで、大せつな たまごを まもります。
ぜんしんを つかって はげしく 川ぞこを ほって いるのは、サケです。
サケは、川ぞこの じゃりに たまごを うんで かくします。
じゃりの 下は てきに 見つかりにくい あんぜんな かくしばしょです。
じゃりの 下で こっそりと 生きのびた たまごから、こどもたちが うまれます。

おうよう ★★★

1 はじめの 文で、どんな ことを せつめいして いますか。（一つ10てん）

（　　　）たちは いろいろな ほうほうで、大せつな（　　　）を まもると いう こと。

2 サケと ニッポンバラタナゴは、どこに たまごを うみますか。（一つ10てん）

サケ	ニッポンバラタナゴ
（　　　）の じゃり。	生きて いる（　　　）の 中。

てん

こちらは、ニッポンバラタナゴ。メスの　おしりから、ほそながい　くだが　のびて　います。

ほそながい　くだを　生きて　いる　貝に　さしこみました！　なにを　して　いるのでしょう？

三しゅうかんご、貝の　中から　子どもたちが！　貝に　くだを　さしこんで、たまごを　うんで　いたのです。

（中りゃく）

たまごは、子どもたちを　のこす　ための　いちばん　大せつな　たからもの。

さかなたちは　あの手　この手で　いのちを　つないで　いきます。


（内山りゅう『さかなのたまご　いきのこりを　かけた　だいさくせん』ポプラ社）

3 ニッポンバラタナゴは、どのように　して　たまごを　うんで　いましたか。（一つ15てん）

生きて　いる　貝に、ほそながい　（　　　）を　（　　　）、たまごを　うんで　いた。

4 上の　文しょうでは、たまごは　どんな　ものだと　せつめいして　いますか。（一つ15てん）

たまごは、（　　　）を　のこす　ための　いちばん　大せつな　（　　　）。

だいじな ことを つかむ

おうよう ★★★

てん

◆つぎの 文しょうを よんで こたえましょう。

　わたしたちの からだの いろいろな ばしょには、毛が 生えて います。毛は、手のひらや 足の うら、くちびるを のぞき、からだ中に およそ 五十万本も 生えて います。
　毛は なんの ために 生えて いるのでしょうか。たとえば、かみの毛は、さむさを ふせぐ ことが できます。また、ものが ぶつかった ときに、いたみを やわらげる クッションに なります。
　さらに、たいようの ひかりの 中に

1 上の 文しょうは、どんな ことに ついて せつめいして いますか。（10てん）

〔　　　　〕は、なんの ために 生えて いるのかに ついて。

2 かみの毛は、どんな やく目を して いますか。（一つ15てん）

・〔　　　　〕を ふせぐ。

・ものが ぶつかった ときに、〔　　　　〕を やわらげる クッションに なる。

・たいようの ひかりの 中に ある

ある　からだに　よく　ない　ひかりや、たいようの　ねつを　さえぎって　くれます。
　また、かおに　ある　まつ毛や　まゆ毛は、つよい　ひかりや　あせ、ごみなどが　目に　入るのを　ふせぎます。
　さらに、はなや　みみの　あなの　中にも、からだの　中に　ほこりを　入れない　ための　こまかい　毛が　たくさん　生えて　います。
　毛は、からだ中の　いろいろな　ばしょに　生えて、からだを　まもって　います。

（千葉和義 監修『親子で楽しめる！　なぜ？　どうして？　科学のふしぎ　一年生』池田書店）

からだに
ひかりや、たいようの

（　　　　）

（　　　　）を　さえぎる。

3　毛は、どんな　ことを　して　いるのですか。（15てん）

からだ中の　いろいろな　ばしょに　生えて、からだを

（　　　　）　いる。

4　からだに　生えて　いる　毛に　ついて、あなたが　ほかに　しりたい　ことは　なんですか。（15てん）

ひょうげんりょく

（　　　　）

たしかめテスト①

◆つぎの　文しょうを　よんで　こたえましょう。

のんびり森の　どうぶつたちは、のんびりやさんばかり。

なかでも、赤い　うちに　すんで　いるぞうさんは、いちばんののんびりやさんでした。

ある　日、ぞうさんのところに、見た　ことのない　うさぎさんが、やって　きました。

「はじめまして、こんにちは。きょう、この森に　ひっこして　きました。よろしく。」

うさぎさんは、いそがしそうに　ぴょん　ぴょんはねて、はがきを　四まい　わたしたのです。

「ゆうびんやさん、これを、いそいで　森のみんなに　はいたつして　ください。」

① 赤い　うちに　すんで　いるのは、だれですか。（10てん）

（　　　　）

② うさぎさんは、どんな　ようすでぞうさんに　はがきをわたしましたか。（一つ15てん）

（　　　　）（　　　　）に

はねて、わたした。

③ ぞうさんが　――と　かんがえはじめたとき、うさぎさんは、なんといいましたか。（一つ15てん）

（　　　　）

てん

（おや、いつから　わたしは、
ゆうびんやさんに　なったのだろう。）
ぞうさんが、のんびり　かんがえはじめた
ときでした。
「赤い　おうちは、ゆうびんやさんでしょ。」
うさぎさんに　そう　いわれて、
ぞうさんは、（そうか、それは　すてきだな。）
と　おもいました。
うさぎさんが　かえってから、ぞうさんは、
はがきを　つくえの　上に　ならべました。
「ほほう、かばさんと　しまうまさんと
ふくろうさんと　ぞうさんにだな。
……おや、ぞうさんと　いうのは、
もしかしたら、わたしの　ことだぞ。」
ぞうさんは、うれしく　なりました。

（令和２年度版　教育出版『ひろがることば しょうがくこくご 一下』148～150ページより「のんびり森の　ぞうさん」かわきたりょうじ）

「（　　）おうちは、（　　）でしょ。」

4　うさぎさんに　いわれて、ぞうさんは　3の　ことばを　おもいましたか。（15てん）
そうか、それは　どう
（　　）。

5　じぶんへの　はがきが　あるのを　見て、ぞうさんは、どんな　気もちに　なりましたか。（15てん）
（　　）なった。

74 せつめい文

たしかめテスト②

◆ つぎの　文しょうを　よんで　こたえましょう。

どうぶつたちの　まわりには　さまざまな　てきが　いて、きけんが　いっぱいです。どうぶつたちは、どのような　ちえを　つかい、てきから　子どもを　まもるのでしょう。

オオアリクイは、ながい　したを　つかって、アリや　シロアリを　とる　どうぶつです。したを　しまって　おく　ために、オオアリクイの　口は　ほそながく　なって　います。

ライオンなど、にくを　たべる　どうぶつが、子どもを　きけんから　とおざける　ときには、ふつう　くわえたり　かかえたり　して、

① 上の　文しょうは、どんな　ことを　せつめいして　いますか。（一つ10てん）

オオアリクイが　どのような　〔　　〕を　つかって、てきから　〔　　〕を　まもるのかと　いう　こと。

② オオアリクイの　口は、どう　なって　いますか。（一つ10てん）

〔　　〕を　しまって　おく　ために、〔　　〕なって　いる。

てん

はこびます。

［　　］、オオアリクイの　口は　ほそながいので、子どもを　くわえて　はこぶ　ことが　できません。

そこで、オオアリクイの　おやは、ちえを　つかいます。

オオアリクイの　おやは、子どもを　せなかに　のせて　はこびます。

おやの　からだの　もようと、子どもの　からだの　もようが　つながって　見え、てきから　子どもが　目立たなく　なるのです。

（令和2年度版　東京書籍『あたらしい　こくご一下』102〜104ページより「子どもを　まもる　どうぶつたち」なるしまえつお）

3　［　　］に　入る　ことばを　えらんで、（　）に　○を　つけましょう。（15てん）

（　）だから
（　）しかし
（　）そのため

4　やって　オオアリクイの　おやは、どう　子どもを　はこびますか。（15てん）

子どもを　（　　　　）に　のせて　はこぶ。

5　おやと　子どもの　からだの　もようが　つながって　見えると、どんな　よい　ことが　ありますか。（一つ15てん）

（　　　　）から　子どもが　（　　　　）なる。

たしかめテスト③

◆つぎの 文しょうを よんで こたえましょう。

王さまは、なにも する ことが なくて、さっきから、一時間も、まどから にわを ながめて いました。

にわに、木が ありました。

木には、小鳥の すが ありました。

ときどき、おや鳥が、えさを くわえて きます。

ひな鳥は、いっせいに、口を あけて、えさを ほしがりました。

「たのしそうだな。」

王さまは、そう 思いました。

「おいしそうだな。」

王さまは、そう 考えました。

考えると、もう、じっと しては

1 小鳥の すに いる ひな鳥は、どんな ようすでしたか。（15てん）

いっせいに、（　　　　）、えさを ほしがった。

2 ひな鳥の ようすを 見て、王さまは どんな ことを、思ったり 考えたり しましたか。（一つ15てん）

・「（　　　　）。」と 思った。

・「（　　　　）。」と 考えた。

3 王さまは、大臣に どんな ことを いいつけましたか。（一つ10てん）

てん

いられない　王さまです。
　すぐに、大臣を　よんで、いいつけました。
「これ、大臣。おしろの　中で、一ばん
ふとい、一ばん　高い、木の　てっぺんに、
ベッドを　つくれ。」
「は、はあ？」
「いいから、つくれ。すぐ、つくれ。ぼくは、
今から　そこに　ねる。そこで、
たまごやきを　三こ　たべるぞ。いいか。」
　しかたなく、大臣は、兵隊に　いいつけて、
おしろの　中で、一ばん　ふとい、一ばん
高い　木の　上に、ベッドを　つくらせました。
　いくら　ふとい　木でも、風が　くると、
ゆらゆら　ゆれます。こわい　こと、こわい
こと。
　おっかなびっくりで、ベッドが
できあがりました。

（寺村輝夫「木の上にベッド」・『おしゃべりなたまごやき』理論社）

おしろの　中で、一ばん　ふとい、
一ばん　高い、木の（　　　）に、
（　　　）を　つくる　こと。

4 なにを　すると　いいましたか。（一つ10てん）

王さまは、木の　上の　ベッドで
今から　そこに（　　　）。
そこで、（　　　）を
三こ　たべる。

5 おしろの　中で　一ばん　ふとい、
一ばん　高い　木の　上の　ベッドは、
どんな　ようすでしたか。（15てん）

風が　くると、
（　　　　　　）。

たしかめテスト④

◆つぎの　文しょうを　よんで　こたえましょう。

　はるです。あたたかい　日が　つづきます。林の　土の　中では　かぶとむしの　よう虫が　くさった　おちばを　せっせと　たべて　います。まえの　年の　なつには　からだの　大きさが　一センチメートルぐらいしか　なかった　よう虫も　いまでは　十センチメートルぐらいに　せいちょうして　います。

　大きく　なった　よう虫は　なつの　はじめに　なると　たべるのを　やめ　からだで　まわりの　土を　ひろげながら　おしかためると　たまごがたの　へやを　つくります。

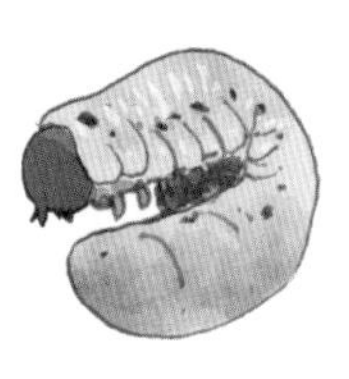

1 かぶとむしの　よう虫の　大きさは、どのように　かわりましたか。（一つ10てん）

まえの　年の　なつ	いま
（　　　　）ぐらい	（　　　　）ぐらい

2 なつの　はじめに、よう虫は　どんな　へやを　つくりますか。（　）に　○を　つけましょう。（15てん）

（　）つつがた	
（　）たまごがた	
（　）三日月がた	

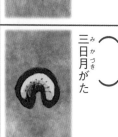

てん

しばらく　すると、だっぴを　して
オレンジいろの　さなぎに　なります。
一月が　すぎる　ころ　土の　中の
さなぎが　ぴくぴくと　うごき出します。
すると　それが　あいずのように
*2うかが　はじまりました。
あくる　日　白かった　まえばねも
くろく　なり　からだが　すっかり
かたまって　くると　かぶとむしは
じめんの　中から　はい出して　きます。
せい虫に　なって　じめんの　上に
出て　きた　かぶとむしは　やがて　はねを
ひろげて　どこかに　とんで　いきました。

（得田之久『かぶとむし　かぶとむしの一生』福音館書店）

*1だっぴ…かわを　ぬいで　大きく　なる　こと。
*2うか…よう虫が　せい虫に　なる　ための　さいごの　だっぴ。

3 へやを　つくって　しばらく　すると、よう虫は　どう　なりますか。（一つ10てん）

［　　］を　して、

オレンジいろの［　　］に　なる。

4 土の　中の　さなぎは、いつごろ　うごき出しますか。（15てん）

さなぎに　なって、［　　］が　すぎる　ころ。

5 うかが　はじまった　あくる　日、かぶとむしは、どう　しますか。（一つ15てん）

［　　］の　中から　［　　］くる。

1・2 ものがたり ないようを つかむ きほん 4・5ページ

1 ものがたり ないようを つかむ

◆つぎの 文しょうを よんで こたえましょう。

ゆうかは、日よう日に かぞくで うみへ いきました。

うみは、お日さまの ひかりを あびて、きらきらして いました。

うきわで ぷかぷか うかびながら、ゆうかは、まい日 うみで あそべたら いいのにな、と おもいました。

「あ、そうだ。あした、うみの えを かこう。」

ゆうかは いいました。

（かき下ろし）


「いつ」や「どこ」に 気を つけて よみましょう。

1 ゆうかは、いつ うみへ いきましたか。（50てん）
〔日よう日〕
さいしょの 文を よく よもう。

2 ゆうかは、あした、なにを しようと いいましたか。（50てん）
〔うみのえ〕を かこう。

ゆうかが いった ことば(「 」の 文)を よく よもう。

2 ものがたり ないようを つかむ

◆つぎの 文しょうを よんで こたえましょう。

こまったさんの おみせは、えきの まえです。
小さな 小さな 花やさんです。
さむい 日でした。おみせの そとは、ビューロキュルル、風が ふきまわって いました。
「きょうは、はやく おみせを しまおう。」
こまったさんは、そうじを はじめました。
そこへ、でんわです。
男の子の こえです。
（寺村輝夫『こまったさんのシチュー』あかね書房）

1 こまったさんの おみせは、どこに ありますか。（一つ25てん）
〔えき〕の〔まえ〕。
ばしょを あらわす ことばを さがして みよう。

さいしょの 文を よく よもう。

2 どんな 日の できごとですか。（25てん）
〔さむい〕日。

3 こまったさんは、なにを しましたか。（25てん）
〔そうじ〕を はじめた。

3・4 ものがたり ないようを つかむ きほん 6・7ページ

3 ものがたり

◆つぎの 文しょうを よんで こたえましょう。

ある 日の ことです。おにの こが、森で マフラーを あんで いました。
おにの こは、おかあさんに あみかたを おしえて もらった ばかりで、まだ あまり うまく あめません。
「おにさん、とっても じょうずね。」
木の 上から、りすが するすると おりて きて いいました。
「えへへ。どうも ありがとう。」
おにの こは、すこし はずかしそうに いいました。
（かき下ろし）

だれが なにを したかに 気を つけて よみましょう。

1 おにの こは、なにを して いましたか。（50てん）
森で〔マフラー〕を あんで いた。

2 「おにさん、とっても じょうずね。」と いったのは、だれですか。（50てん）
〔りす〕
――の あとの 文を よく よもう。

「した こと」を さがす ときは、まず「だれ(おにの こ)」を あらわす ことばを 見つけて、その ちかくを よもう。

4 ものがたり ないようを つかむ

◆つぎの 文しょうを よんで こたえましょう。

あさ はやく、レストラン・ヒバリの ドアを たたく おとが します。

「きょうは、おやすみですよ。」

アッチが、ねむたい 目を こすりながら ドアを あけると、ドラキュラの まごむすめの ドララちゃんと、小さな 女の子が、たって いました。

はあはあと いきを はずませて います。

「アッチ、たいへんなのよ。」

ドララちゃんが いいました。

（角野栄子『おばけのアッチ あかちゃんはドドーン!』ポプラ社）

1 ドアを あけたのは、だれですか。（25てん）
〔アッチ〕

2 ドアを あけると、だれが たって いましたか。（一つ25てん）
ドラキュラの まごむすめの〔ドララちゃん〕と、小さな〔女の子〕。
「ドアを あけると、」と いう ことばの まえを よもう。

3 ドララちゃんは、なんと いいましたか。（25てん）
「アッチ、〔たいへんなのよ〕。」

「ドララちゃんが いいました。」と いう 文を 見つけて、その ちかくの 「 」の ことばを さがそう。

5 ものがたり ないようを つかむ れんしゅう 8・9ページ

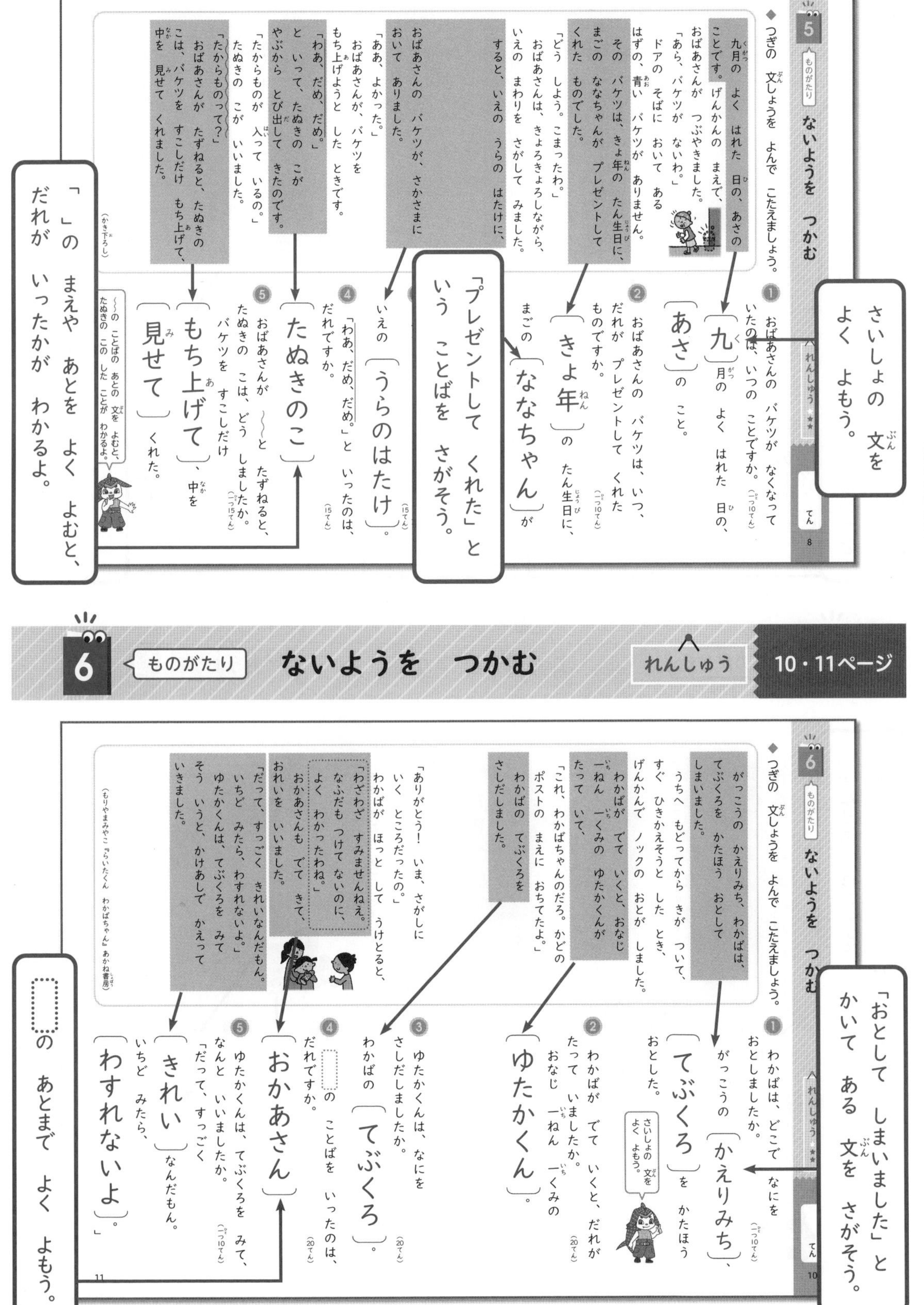

◆ つぎの 文しょうを よんで こたえましょう。

九月の よく はれた 日の、あさの ことです。げんかんの まえで、おばあさんが つぶやきました。

「あら、バケツが ないわ。」

ドアの そばに おいて ある はずの、青い バケツが ありません。

その バケツは、きょ年の たん生日に、まごの ななちゃんが プレゼントして くれた ものでした。

「どう しよう。こまったわ。」

おばあさんは、きょろきょろしながら、いえの まわりを さがして みました。

すると、いえの うらの はたけに、おばあさんの バケツが、さかさまに おいて ありました。

「ああ、よかった。」

おばあさんが、バケツを もち上げようと した ときです。

「わあ、だめ、だめ。」

と いって、たぬきの こが やぶから とび出して きたのです。

「たからものが 入って いるの。」

たぬきの こが いいました。

「たからものって?」

おばあさんが たずねると、たぬきの こは、バケツを すこしだけ もち上げて、中を 見せて くれました。

（かき下ろし）

1 おばあさんの バケツが なくなって いたのは、いつの ことですか。（一つ10てん）
〔九〕月の よく はれた 日の、〔あさ〕の こと。

2 おばあさんの バケツは、いつ、だれが プレゼントして くれた ものですか。（一つ10てん）
〔きょ年〕の たん生日に、まごの〔ななちゃん〕が

3 いえの〔うらのはたけ〕。（15てん）

4 「わあ、だめ、だめ。」と いったのは、だれですか。（15てん）
〔たぬきのこ〕

5 おばあさんが 〜〜と たずねると、たぬきの こは、どう しましたか。（一つ15てん）
バケツを すこしだけ〔もち上げて〕、中を〔見せて〕くれた。

〜〜の ことばの あとの 文を よむと、たぬきの この した ことが わかるよ。

さいしょの 文を よく よもう。

「プレゼントして くれた」と いう ことばを さがそう。

「 」の まえや あとを よく よむと、だれが いったかが わかるよ。

6 ものがたり ないようを つかむ れんしゅう 10・11ページ

◆ つぎの 文しょうを よんで こたえましょう。

がっこうの かえりみち、わかばは、てぶくろを かたほう おとして しまいました。

うちへ もどってから きが ついて、すぐ ひきかえそうと した とき、げんかんで ノックの おとが しました。

わかばが でて いくと、おなじ 一ねん 一くみの ゆたかくんが たって いて、

「これ、わかばちゃんのだろ。かどの ポストの まえに おちてたよ。」

わかばの てぶくろを さしだしました。

「ありがとう! いま、さがしに いく ところだったの。」

わかばが ほっと して うけとると、

「わざわざ すみませんねえ。なふだも つけて ないのに、よく わかったわね。」

おかあさんも でて きて、おれいを いいました。

「だって、すっごく きれいなんだもん。いちど みたら、わすれないよ。」

そう いうと、ゆたかくんは、てぶくろを みて、かけあしで かえって いきました。

（もりやまみやこ『らいたくん わかばちゃん』あかね書房）

1 わかばは、どこで なにを おとしましたか。（一つ10てん）
がっこうの〔かえりみち〕、〔てぶくろ〕を かたほう おとした。

さいしょの 文を よく よもう。

2 わかばが でて いくと、だれが たって いましたか。（20てん）
おなじ 一ねん 一くみの〔ゆたかくん〕。

3 ゆたかくんは、なにを さしだしましたか。（20てん）
わかばの〔てぶくろ〕。

4 ［　］の ことばを いったのは、だれですか。（20てん）
〔おかあさん〕

5 ゆたかくんは、てぶくろを みて、なんと いいましたか。（一つ10てん）
「だって、すっごく〔きれい〕なんだもん。いちど みたら、〔わすれないよ〕。」

「おとして しまいました」と かいて ある 文を さがそう。

［　］の あとまで よく よもう。

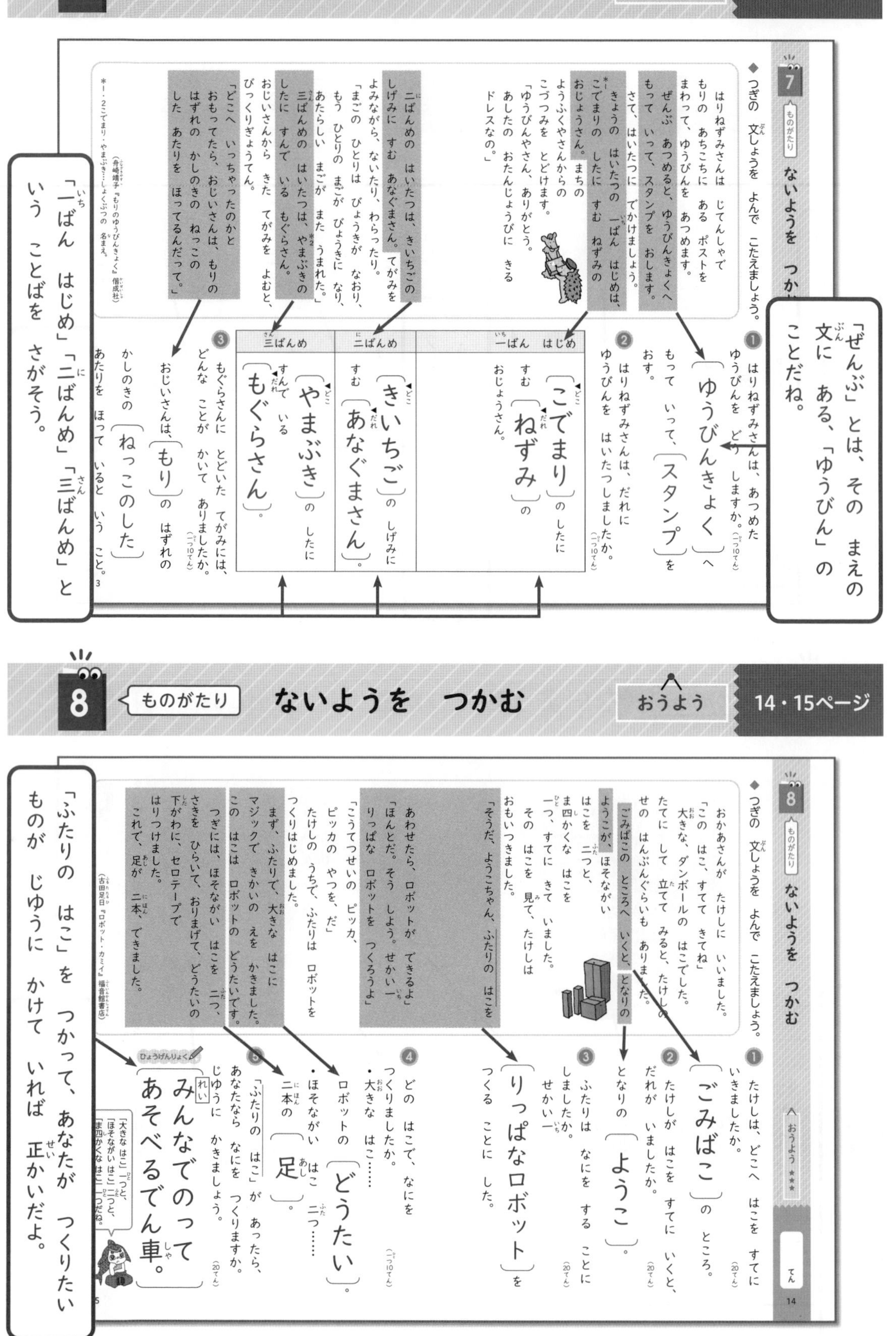

7 ものがたり ないようを つかむ おうよう 12・13ページ

◆ つぎの 文しょうを よんで こたえましょう。

はりねずみさんは じてんしゃで もりの あちこちに ある ポストを まわって、ゆうびんを あつめます。

ぜんぶ あつめると、ゆうびんきょくへ もって いって、スタンプを おします。

さて、はいたつに でかけましょう。

きょうの はいたつの 一ばん はじめは、こでまりの したに すむ ねずみの おじょうさん。まちの ようふくやさんからの こづつみを とどけます。

「ゆうびんやさん、ありがとう。あしたの おたんじょうびに きる ドレスなの。」

二ばんめの はいたつは、きいちごの しげみに すむ あなぐまさん。てがみを よみながら、ないたり、わらったり。

「まごの ひとりは びょうきが なおり、もう ひとりの まごが びょうきに なり、あたらしい まごが また うまれた。」

三ばんめの はいたつは、やまぶきの したに すんで いる もぐらさん。おじいさんから きた てがみを よむと、びっくりぎょうてん。

「どこへ いっちゃったのかと おもってたら、おじいさんは、もりの はずれの かしのきの ねっこの した あたりを ほってるんだって。」

（舟崎靖子『もりのゆうびんきょく』偕成社）

＊1・2こでまり・やまぶき…しょくぶつの 名まえ。

1 はりねずみさんは、あつめた ゆうびんを どう しますか。（一つ10てん）

〔ゆうびんきょく〕へ もって いって、〔スタンプ〕を おす。

2 はりねずみさんは、だれに ゆうびんを はいたつしましたか。（一つ10てん）

一ばん はじめ	二ばんめ	三ばんめ
〔こでまり〕の したに すむ 〔ねずみ〕の おじょうさん。	〔きいちご〕の しげみに すむ 〔あなぐまさん〕。	〔やまぶき〕の したに すんで いる 〔もぐらさん〕。

3 もぐらさんに とどいた てがみには、どんな ことが かいて ありましたか。（一つ10てん）

おじいさんは、〔もり〕の はずれの かしのきの 〔ねっこのした〕 あたりを ほって いると いう こと。

「ぜんぶ」とは、その まえの 文に ある、「ゆうびん」の ことだね。

「一ばん はじめ」「二ばんめ」「三ばんめ」と いう ことばを さがそう。

8 ものがたり ないようを つかむ おうよう 14・15ページ

◆ つぎの 文しょうを よんで こたえましょう。

おかあさんが たけしに いいました。

「この はこ、すてて きてね」

大きな、ダンボールの はこでした。たてに して 立てて みると、たけしの せの はんぶんぐらいも ありました。

ごみばこの ところへ いくと、となりの ようこが、ほそながい はこを 二つと、ま四かくな はこを 一つ、すてに きて いました。

その はこを 見て、たけしは おもいつきました。

「そうだ、ようこちゃん、ふたりの はこを あわせたら、ロボットが できるよ」

「ほんとだ。そう しよう。せかい一 りっぱな ロボットを つくろうよ」

「こうてつせいの ピッカ、ピッカの やつを、だ」

たけしの うちで、ふたりは ロボットを つくりはじめました。

まず、ふたりで、大きな はこに マジックで きかいの えを かきました。この はこは ロボットの どうたいです。

つぎには、ほそながい はこを 二つ、さきを ひらいて、おりまげて、どうたいの 下がわに、セロテープで はりつけました。

これで、足が 二本、できました。

（古田足日『ロボット・カミイ』福音館書店）

1 たけしは、どこへ はこを すてに いきましたか。（20てん）

〔ごみばこ〕の ところ。

2 たけしが はこを すてに いくと、だれが いましたか。（20てん）

となりの 〔ようこ〕。

3 ふたりは なにを する ことに しましたか。（20てん）

せかい一 〔りっぱなロボット〕を つくる ことに した。

4 どの はこで、なにを つくりましたか。（一つ10てん）

・大きな はこ……ロボットの 〔どうたい〕。

・ほそながい はこ 二つ……二本の 〔足〕。

5 ひょうげんりょく 「ふたりの はこ」が あったら、あなたなら なにを つくりますか。じゆうに かきましょう。（20てん）

〔れい みんなでのって あそべるでん車。〕

「大きなはこ」一つと、「ほそながいはこ」二つと、「ま四かくなはこ」一つだね。

「ふたりの はこ」を つかって、あなたが つくりたい ものが じゆうに かけて いれば 正かいだよ。

9・10 せつめい文　なにに　ついて　かいて　あるかを　つかむ

きほん　16・17ページ

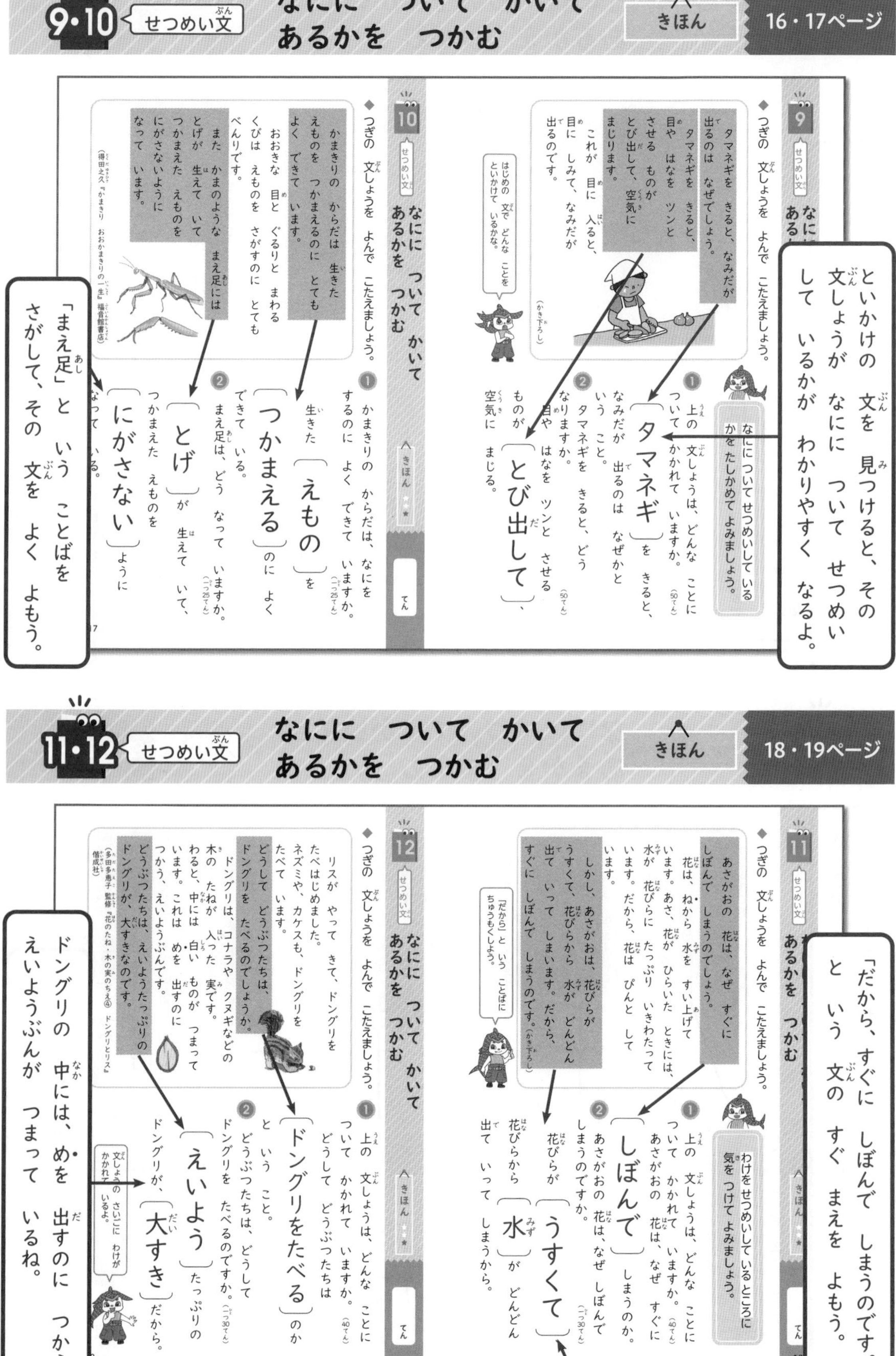

◆ 9 せつめい文　なにに　ついて　かいて　あるかを　つかむ　きほん

つぎの　文しょうを　よんで　こたえましょう。

タマネギを　きると、なみだが出るのは　なぜでしょう。
タマネギを　きると、目や　はなを　ツンと　させる　ものが　とび出して、空気に　まじります。
これが　目に　入ると、目に　しみて、なみだが　出るのです。
（かき下ろし）

はじめの　文で　どんな　ことを　といかけて　いるかな。

なにに　ついて　せつめいして　いる　かを　たしかめて　よみましょう。

1　上の　文しょうは、どんな　ことに　ついて　かかれて　いますか。（50てん）
〔タマネギ〕を　きると、なみだが　出るのは　なぜかと　いう　こと。

2　タマネギを　きると、どう　なりますか。（50てん）
目や　はなを　ツンと　させる　ものが　〔とび出して〕、空気に　まじる。

◆ 10 せつめい文　なにに　ついて　かいて　あるかを　つかむ　きほん

つぎの　文しょうを　よんで　こたえましょう。

かまきりの　からだは　生きた　えものを　つかまえるのに　とても　よく　できて　います。
おおきな　目と　ぐるりと　まわる　くびは　えものを　さがすのに　とても　べんりです。
また　かまのような　まえ足には　とげが　生えて　いて　つかまえた　えものを　にがさないように　なって　います。
（得田之久『かまきり　おおかまきりの一生』福音館書店）

1　かまきりの　からだは、なにを　するのに　よく　できて　いますか。（一つ25てん）
生きた　〔えもの〕を　〔つかまえる〕のに　よく　できて　いる。

2　まえ足は、どう　なって　いますか。（一つ25てん）
〔とげ〕が　生えて　いて、つかまえた　えものを　〔にがさない〕ように　なって　いる。

とい　かけの　文を　見つけると、その　文しょうが　なにに　ついて　せつめい　して　いるかが　わかりやすく　なるよ。

「まえ足」と　いう　ことばを　さがして、その　文を　よく　よもう。

11・12 せつめい文　なにに　ついて　かいて　あるかを　つかむ

きほん　18・19ページ

◆ 11 せつめい文　なにに　ついて　かいて　あるかを　つかむ　きほん

つぎの　文しょうを　よんで　こたえましょう。

あさがおの　花は、なぜ　すぐに　しぼんで　しまうのでしょう。
花は、ねから　水を　すい上げて　います。あさ、花が　ひらいた　ときには、水が　花びらに　たっぷり　いきわたって　います。だから、花は　ぴんと　して　います。
しかし、あさがおは、花びらが　うすくて、花びらから　水が　どんどん　出て　いって　しまいます。だから、すぐに　しぼんで　しまうのです。
（かき下ろし）

「だから」と　いう　ことばに　ちゅうもくしよう。

わけを　せつめいして　いる　ところに　気を　つけて　よみましょう。

1　上の　文しょうは、どんな　ことに　ついて　かかれて　いますか。（40てん）
あさがおの　花は、なぜ　すぐに　〔しぼんで〕　しまうのか。

2　あさがおの　花は、なぜ　しぼんで　しまうのですか。（一つ30てん）
花びらが　〔うすくて〕、花びらから　〔水〕が　どんどん　出て　いって　しまうから。

◆ 12 せつめい文　なにに　ついて　かいて　あるかを　つかむ　きほん

つぎの　文しょうを　よんで　こたえましょう。

リスが　やって　きて、ドングリを　たべはじめました。ネズミや、カケスも、ドングリを　たべて　います。
どうして　どうぶつたちは、ドングリを　たべるのでしょうか。
ドングリは、コナラや　クヌギなどの　木の　たねが　入った　実です。わると、中には　めを　出すのに　つかう、えいようぶんです。白い　ものが　つまって　います。これは　めを　出すのに　つかう、えいようぶんです。
どうぶつたちは、えいようたっぷりの　ドングリが、大すきなのです。
（多田多恵子　監修『花のたね・木の実のちえ④　ドングリとリス』偕成社）

1　上の　文しょうは、どんな　ことに　ついて　かかれて　いますか。（40てん）
どうして　どうぶつたちは　〔ドングリをたべる〕のか　と　いう　こと。

2　どうぶつたちは、どうして　ドングリを　たべるのですか。（一つ30てん）
ドングリが、〔えいよう〕たっぷりの　〔大すき〕だから。

文しょうの　さいごに　わけが　かかれて　いるよ。

「だから、すぐに　しぼんで　しまうのです。」と　いう　文の　すぐ　まえを　よもう。

ドングリの　中には、めを　出すのに　つかう　えいようぶんが　つまって　いるね。

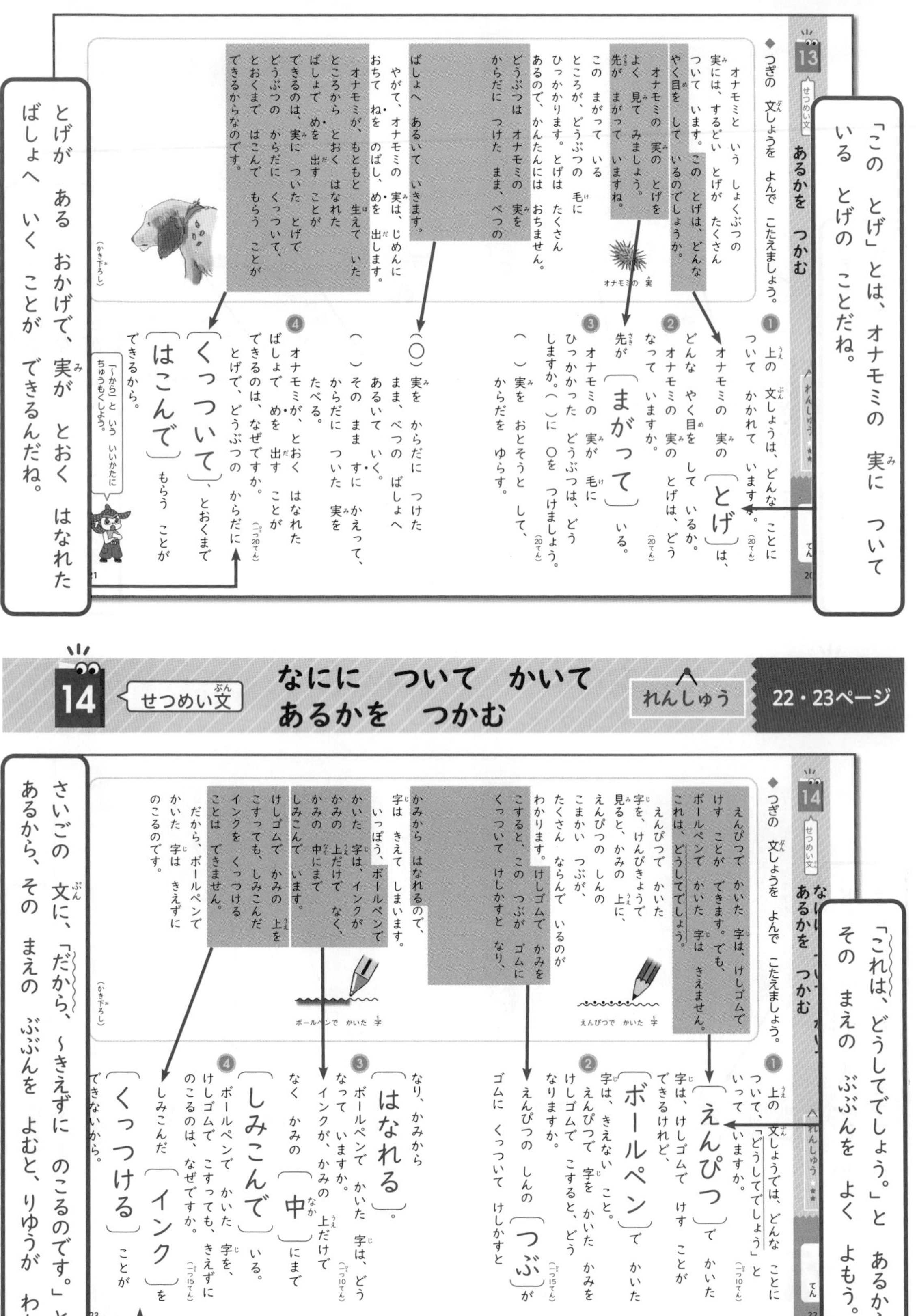

13 せつめい文

なにに ついて かいて あるかを つかむ

れんしゅう　20・21ページ

◆つぎの 文しょうを よんで こたえましょう。

オナモミと いう しょくぶつの 実には、するどい とげが たくさん ついて います。この とげは、どんな やく目を して いるのでしょうか。

オナモミの 実の とげを よく 見て みましょう。先が まがって いますね。この まがって いる ところが、どうぶつの 毛に ひっかかります。とげは たくさん あるので、かんたんには おちません。どうぶつは オナモミの 実を からだに つけた まま、べつの ばしょへ あるいて いきます。

やがて、オナモミの 実は、じめんに おちて ねを のばし、めを 出します。

オナモミが、もともと 生えて いた ところから とおく はなれた ばしょで めを 出す ことが できるのは、実に ついた とげで どうぶつの からだに くっついて、とおくまで はこんで もらう ことが できるからなのです。

(かき下ろし)

オナモミの 実

1 上の 文しょうは、どんな ことに ついて かかれて いますか。(20てん)

オナモミの 実の 〔とげ〕は、どんな やく目を して いるか。

2 オナモミの 実の とげは、どう なって いますか。(20てん)

先が 〔まがって〕 いる。

3 ひっかかった どうぶつは、どう しますか。( )に ○を つけましょう。(20てん)

( ) 実を おとそうと して、からだを ゆらす。
(○) 実を からだに つけた まま、べつの ばしょへ あるいて いく。
( ) その まま すぐに かえって、からだに ついた 実を たべる。

4 オナモミが、とおく はなれた ばしょで めを 出す ことが できるのは、なぜですか。(一つ20てん)

とげで、どうぶつの からだに 〔くっついて〕、とおくまで 〔はこんで〕 もらう ことが できるから。

「〜から」と いう いいかたに ちゅうもくしよう。

「この とげ」とは、オナモミの 実に ついて いる とげの ことだね。

とげが ある おかげで、実が とおく はなれた ばしょへ いく ことが できるんだね。

14 せつめい文

なにに ついて かいて あるかを つかむ

れんしゅう　22・23ページ

◆つぎの 文しょうを よんで こたえましょう。

えんぴつで かいた 字は、けしゴムで けす ことが できます。でも、ボールペンで かいた 字は きえません。これは、どうしてでしょう。

えんぴつで かいた 字を、けんびきょうで 見ると、かみの 上に、えんぴつの しんの こまかい つぶが、たくさん ならんで いるのが わかります。けしゴムで かみを こすると、この つぶが ゴムに くっついて けしかすと なり、かみから はなれるので、字は きえて しまいます。

いっぽう、ボールペンで かいた 字は、インクが かみの 上だけで なく、かみの 中にまで しみこんで います。けしゴムで かみの 上を こすっても、しみこんだ インクを くっつける ことは できません。

だから、ボールペンで かいた 字は きえずに のこるのです。

(かき下ろし)

えんぴつで かいた 字

ボールペンで かいた 字

1 上の 文しょうでは、どんな ことに ついて、「どうしてでしょう」と いって いますか。(一つ10てん)

〔えんぴつ〕で かいた 字は、けしゴムで けす ことが できるけれど、〔ボールペン〕で かいた 字は、きえない こと。

2 えんぴつで 字を かいた かみを けしゴムで こすると、どう なりますか。(一つ15てん)

えんぴつの しんの 〔つぶ〕が ゴムに くっついて けしかすと なり、かみから 〔はなれる〕。

3 ボールペンで かいた 字は、どう なって いますか。(一つ10てん)

インクが、かみの 上だけで なく かみの 〔中〕にまで 〔しみこんで〕 いる。

4 ボールペンで かいた 字を、けしゴムで こすっても、きえずに のこるのは、なぜですか。(一つ15てん)

しみこんだ 〔インク〕を 〔くっつける〕 ことが できないから。

「これは、どうしてでしょう。」と あるから、その まえの ぶぶんを よく よもう。

さいごの 文に、「だから、〜きえずに のこるのです。」と あるから、その まえの ぶぶんを よむと、りゆうが わかるよ。

15 せつめい文　なにに　ついて　かいて　あるかを　つかむ　おうよう　24・25ページ

◆つぎの　文しょうを　よんで　こたえましょう。

ふねが　しゅっこう*1します。

でも、どうろと　ちがって　うみの　上には　とおりみちが　かかれて　いません。くらい　よるの　うみで、どう　やって　あんぜんな　こうろ*2が　わかるのでしょうか。

しゅっこうして　しばらく　いくと、りくぜいに　ひかりが　ならんで　いるのが　見えて　きました。これは　うみの　そこが　あさい　ことを　しらせる　みちしるべです。

これより　左は　とおれません。右には　いわを　てらす　ひかりが　見えて　きました。あぶない　ばしょを　しらせる　みちしるべです。

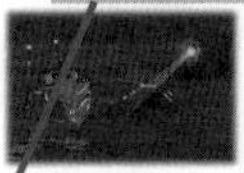

このように　うみの　上には　みちしるべが　あるのです。こうした　みちしるべを　こうろひょうしきと　いいます。こうろひょうしきの　おかげで　ふねは　あんぜんな　こうろが　わかるのです。

（谷川夏樹『うみのみちしるべ』「かがくのとも」福音館書店）

*1しゅっこう……ふねが、目てきちへ　むかって　出ぱつする　こと。
*2こうろ……ふねの　とおりみち。

1 うみの　上は、どうろと　どんな　ところが　ちがいますか。（10てん）
［とおりみち］が　かかれて　いない　ところ。

2 上の　文しょうは、どんな　ことに　ついて　かかれて　いますか。（一つ15てん）
くらい　よるの　うみで、どう　やって　［あんぜん］な　こうろが　わかるのかと　いう　こと。

3 つぎの「ひかり」は、それぞれ……

いわを　てらす　ひかり	りくぜいに　ならんで　いる　ひかり
［あぶない］ばしょ　を　しらせる　みちしるべ。	うみの　そこが［あさい］ことを　しらせる［みちしるべ］。

4 うみの　上に　ある　みちしるべの　ことを、なんと　いいますか。（15てん）
［こうろひょうしき］

「ひかり」と　いう　ことばを　さがして、その　ちかくを　よく　よもう。

「どうろと　ちがって」と　いう　ことばが　ある　文を　さがして、よく　よもう。

「～のでしょうか」と　いう　いいかたで　といかけて　いるね。

「こうした　みちしるべ」とは、うみの　上に　ある　二つの　みちしるべの　ことだね。

16 せつめい文　なにに　ついて　かいて　あるかを　つかむ　おうよう　26・27ページ

◆つぎの　文しょうを　よんで　こたえましょう。

ヒマワリの　花は、ほんとうに　たいようの　ほうを　むいて　さくのでしょうか。上の　えを　見て　ください。花は、ばらばらの　ほうこうを　むいて　いますね。

たいようの　ほうを　むいて　さくと　いうのは　まちがいなのです。

でも、めばえたばかりの　ヒマワリや、わかい　なえの　ヒマワリでは、いつも　くきの　先が　たいようの　ほうこうを　むいて　います。

これは、くきの　先を　たいようの　ほうこうに　まげ、すこしでも　おおくの　ひかりを　葉が　うけられるように、ゆっくり　うごいて　いるからです。

たいようの　ひかりを　うけて　ようぶん*1を　つくり、生ちょうする　ための　たいせつな　はたらきなのです。

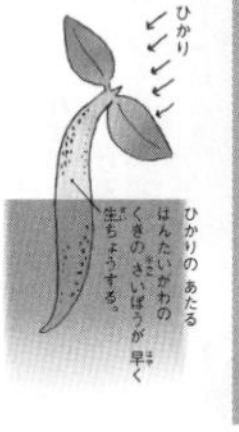

（清水清『植物は動いている』あかね書房）

ひかり
ひかりの　あたる　はんたいがわの　くきの　さいぼう*2が　早く　生ちょうする。

*1ようぶん……どうぶつや　しょくぶつが　そだつ　ために　ひつような　えいように　なる　もの。
*2さいぼう……生きものの　からだを　つくって　いる、いちばん　小さい　まとまり。

1「まちがいなのです」と　ありますが、どんな　ことが　まちがいなのですか。（20てん）
ヒマワリの　花が、［たいよう］の　ほうを　むいて　さくと　いう　こと。

2 ［　］に　ついて　こたえましょう。

(1) これは、どうしてですか。（一つ15てん）
すこしでも　おおくの［ひかり］を　葉が　うけられるように、ゆっくり［うごいている］から。

(2) なんの　ための　はたらきですか。（一つ15てん）
たいようの　ひかりを　うけて［ようぶん］を　つくり、［生ちょう］する　ため。

3 あなたは、どんな　しょくぶつの　かんさつを　して　みたいですか。じゆうに　かきましょう。（20てん）

ひょうげんりょく　れい
しょくぶつ　あさがお
しりたい　こと　たねが　なんこ　ぐらい　できるか。

［　］の　文の　つぎの　文で、「これは、～からです。」と　いう　いいかたで、りゆうを　せつめいして　いるよ。

あなたが　かんさつを　して　みたい　しょくぶつの　名まえと、しりたい　ことが　かけて　いれば　正かいだよ。

17・18 ものがたり　ようすを　つかむ　きほん　28・29ページ

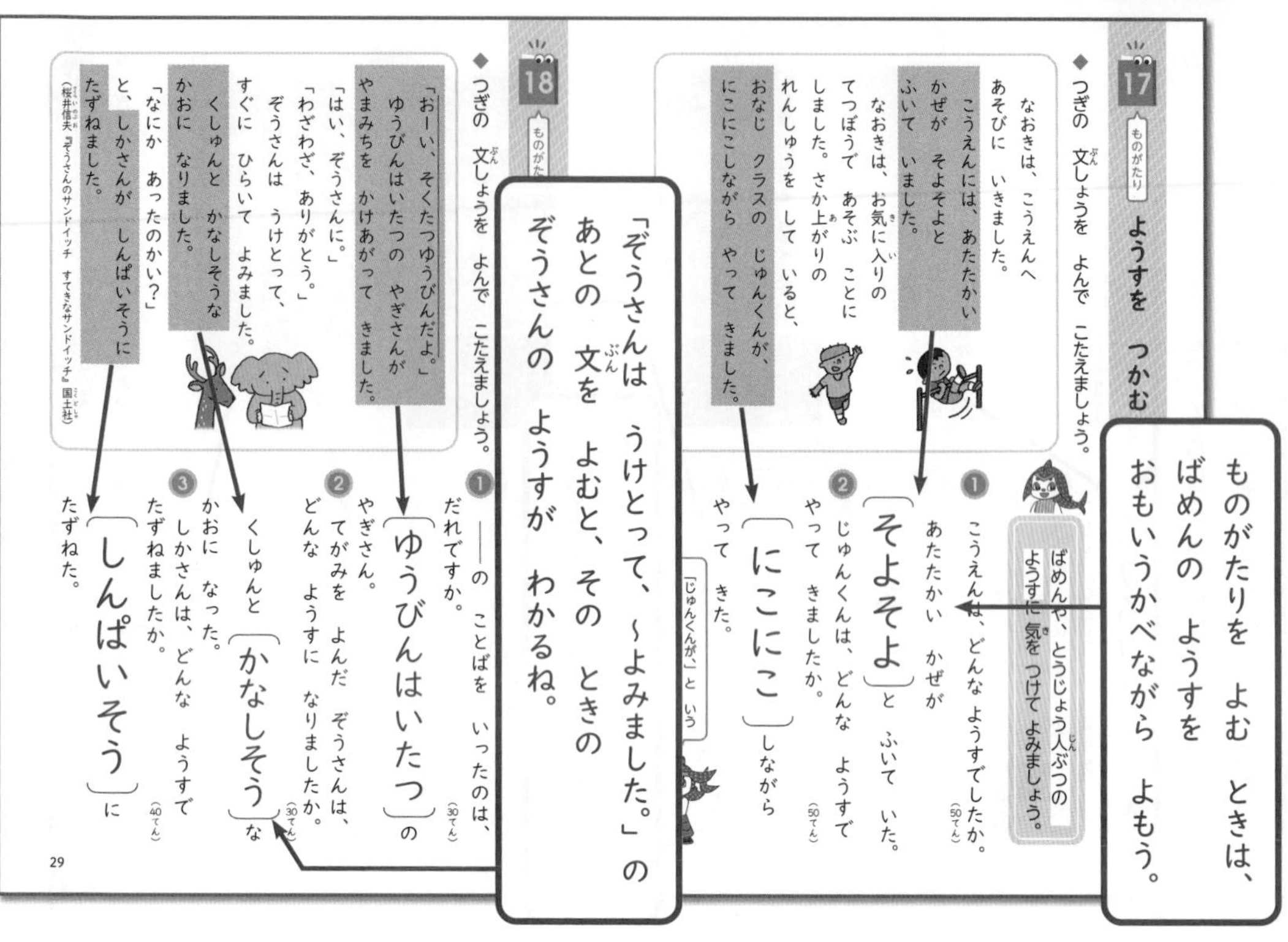

◆ 17 ものがたり　ようすを　つかむ

つぎの　文しょうを　よんで　こたえましょう。

なおきは、こうえんへ　あそびに　いきました。

こうえんには、あたたかい　かぜが　そよそよと　ふいて　いました。

なおきは、お気に入りの　てつぼうで　あそぶ　ことに　しました。さか上がりの　れんしゅうを　して　いると、おなじ　クラスの　じゅんくんが、にこにこしながら　やって　きました。


ばめんや、とうじょう人ぶつの　ようすに　気を　つけて　よみましょう。

1 こうえんは、どんな　ようすでしたか。（50てん）
あたたかい　かぜが　〔そよそよ〕と　ふいて　いた。

2 じゅんくんは、どんな　ようすで　やって　きましたか。（50てん）
〔にこにこ〕しながら　やって　きた。
「じゅんくんが、」と　いう

ものがたりを　よむ　ときは、ばめんの　ようすを　おもいうかべながら　よもう。

◆ 18 ものがたり

つぎの　文しょうを　よんで　こたえましょう。

「おーい、そくたつゆうびんだよ。」

ゆうびんはいたつの　やぎさんが　やまみちを　かけあがって　きました。

「はい、ぞうさんに。」

「わざわざ、ありがとう。」

ぞうさんは　うけとって、すぐに　ひらいて　よみました。

くしゅんと　かなしそうな　かおに　なりました。

「なにか　あったのかい？」

と、しかさんが　しんぱいそうに　たずねました。

（桜井信夫『ぞうさんのサンドイッチ　すてきなサンドイッチ』国土社）

1 ――の　ことばを　いったのは、だれですか。（30てん）
〔ゆうびんはいたつ〕の　やぎさん。

2 てがみを　よんだ　ぞうさんは、どんな　ようすに　なりましたか。（30てん）
くしゅんと　〔かなしそう〕な　かおに　なった。

3 しかさんは、どんな　ようすで　たずねましたか。（40てん）
〔しんぱいそう〕に　たずねた。

「ぞうさんは　うけとって、～よみました。」の　あとの　文を　よむと、その　ときの　ぞうさんの　ようすが　わかるね。

29

19・20 ものがたり　ようすを　つかむ　きほん　30・31ページ

◆ 19 ものがたり　ようすを　つかむ

つぎの　文しょうを　よんで　こたえましょう。

こりすと　こうさぎが　けんかを　しました。
あくる　日に　なれば、わすれて　しまいそうな　小さな　けんかでしたが、その　ときは　たがいに　口も　きかない　ほど　はらを　たてあって　いました。
こりすは　ふくれっつらを　した　まま、こうさぎは　ぷりぷり　おこった　まま、「さようなら」も　いわないで、わかれて　しまいました。
こりすは　ふくれっつらの　まま、うちへ　むかって　あるいて　いきました。
（森山京「さよなら　さよなら　さようなら」『こうさぎのジャムつくり』フレーベル館）

とうじょう人ぶつの　ようすを　あらわす　ことばや　文を　さがして　よみましょう。

1 けんかを　した　とき、こりすと　こうさぎは、どんな　ようすでしたか。（50てん）
たがいに　〔口もきかない〕　ほど　はらを　たてあって　いた。

2 こりすは、どんな　ようすで　あるいて　いきましたか。（50てん）
〔ふくれっつら〕の　まま。
「こりすは～あるいて　いきました。」

「その　とき」とは、こりすと　こうさぎが　けんかを　した　ときの　ことだよ。

◆ 20 ものがたり　ようすを

つぎの　文しょうを　よんで　こたえましょう。

しらかわ先生が、なわとびを　くるりん　くるりんと　まわしながら　きょうしつに　はいって　きた。

「三がっきの　たいいくは、これです。」

先生は、なわとびを　りょう手で　ピンピンと　ひっぱって　みせた。

「やったー。」

くろさわくんが、こぶしを　つきあげて　さけんだ。

「あら、なわとび、とくいなの？」

「とくい、とくい、チョーとくい。やって　みせようか？」

くろさわくんが、ガタンと　たちあがった。

（後藤竜二『1ねん1くみ1ばんジャンプ！』ポプラ社）

1 しらかわ先生は、どんな　ことを　しながら　きょうしつに　はいって　きましたか。（一つ25てん）
なわとびを　〔くるりん　くるりん〕と　〔まわし〕ながら　はいって　きた。

2 「やったー。」と　くろさわくんは、どんな　ふうに　さけびましたか。（一つ25てん）
〔こぶし〕を　〔つきあげて〕　さけんだ。

「やったー。」と　いう　ことばの　あとを　よく　よもう。

「しらかわ先生」や、「きょうしつに　はいって　きた」と　いう　ことばを　さがして、その　文を　よく　よもう。

31

21 ものがたり　ようすを　つかむ　れんしゅう　32・33ページ

◆ つぎの　文しょうを　よんで　こたえましょう。

こぶたの　ブンは、学校が　おわった　あと、外に　出かけました。

近道を　して　林を　つっきり、木かげの　とおりへ　でた　ところで、ブンは、

「あっ、ない！」

さけび声を　あげました。

ポケットに　入れて　おいた　はずの　えんぴつが、いつのまにか　なくなって　いました。

ポケットの　中を　まさぐると、なんと　そこに　あなが　ひとつ　あいて　いました。えんぴつ　一本が　するりと　ぬけおちそうな　小さな　あなでした。

「しまった」

つい　さっき、林の　入口で　ポケットに　手を　つっこみましたが、その　ときは　たしかに　ありました。

たいへんだ。いそいで　さがさなくっちゃ。

ブンは、いま　きた　道を　あわただしく　ひきかえしはじめました。

自分が　歩いた　あとを　きょろきょろ　ながめながら　林の　入口まで　もどりましたが、えんぴつは　見あたりません。

どこかに　おちてる　はずなのに。おかしいなあ。

（森山京『とりかえっこ　とりかえっこ』教育画劇）

1 ブンは、どうして　さけび声を　あげたのですか。（一つ10てん）

ポケットに　入れて　おいた　はずの　〔えんぴつ〕が、いつのまにか　〔なくなって〕いたから。

2 ポケットには、どんな　あなが　あいて　いましたか。（一つ10てん）

えんぴつ　一本が　〔するり〕と　〔ぬけおちそう〕な　小さな　あな。

3 ブンは、どんなふうに　林の　入口まで　もどりましたか。（一つ15てん）

自分が　〔歩いた〕　あとを　〔きょろきょろ〕　ながめながら　もどった。

4 林の　入口まで　もどっても　えんぴつが　見あたらなかった　とき、ブンは、どう　おもいましたか。（一つ15てん）

どこかに　〔おちてる〕　はずなのに。〔おかしいなあ〕。

「林の　入口まで　もどりました」と　いう　ことばを　さがして、その　ちかくを　よもう。

「さけび声を　あげました。」と　いう　文を　見つけたら、その　文の　まえや　あとを　よく　よもう。

「えんぴつは　見あたりません。」の　あとの　文を　よもう。

22 ものがたり　ようすを　つかむ　れんしゅう　34・35ページ

◆ つぎの　文しょうを　よんで　こたえましょう。

アッチは、小さな　おばけの　男の子です。でも、レストラン・ヒバリの　コックさんなんです。なんでも、おいしく　つくります。おきゃくさんは、おおよろこびです。

となりの　やねうらに　すむ、ねずみの　チが、アッチの　ところへ　やって　きました。

「あの……アッチ、キがね、びょうきなの。」

チは、しんぱいそうに　いいました。

ねずみの　チと　キは、ふたごの　きょうだいです。

チは　おにいさん、キは　おとうと、ふたりは、とっても　なかよしです。

「キったらね、ねつが　あって、ゆうべから　なんにも　たべないの。どう　しよう。」

チが、はんぶん　なきそうな　かおで　いいました。

「そりゃ　こまったね。じゃ、ぼくが、いい　もの　つくって　あげよう。ねつが　あっても　おいしい　もの。あたまが　いたくても　おいしい　もの。たべたく　なくても　おいしい　もの。たべると　たちまち　元気に　なる　もの。それにはね、なんてったって、フルーツポンチが　いちばんさ。」

アッチは、とくいそうに　いいました。

「フルーツポンチって？」

チは　ききました。

1 アッチは、どんな　男の子ですか。（一つ15てん）

・小さな　〔おばけ〕の　男の子。

・レストラン・ヒバリの　〔コックさん〕。

2 「あの……アッチ、キがね、びょうきなの。」と　いいましたか。ねずみの　チは、どんな　ようすで（20てん）

〔しんぱいそう〕に　いった。

3 チは　キが　どんな　ようすだと　いいましたか。（一つ15てん）

〔ねつ〕が　あって、ゆうべから　なんにも　〔たべない（の）〕。

4 アッチが　つくって　あげると　いった　「いい　もの」とは、なんですか。（20てん）

〔フルーツポンチ〕

——の　あとの　文を　よむと、チの　ようすが　わかるよ。

チが　キの　ようすを　くわしく　はなして　いる　ことばを　さがそう。

はじめの　ぶぶんを　よく　よもう。「でも、〜コックさんなんです。」と　いう　文も、アッチの　ことだね。

アッチが　いった　ことばを　さいごまで　よく　よもう。「それにはね、なんてったって、フルーツポンチが　いちばんさ。」と　いって　いるね。

23 ものがたり　ようすを　つかむ　おうよう　36・37ページ

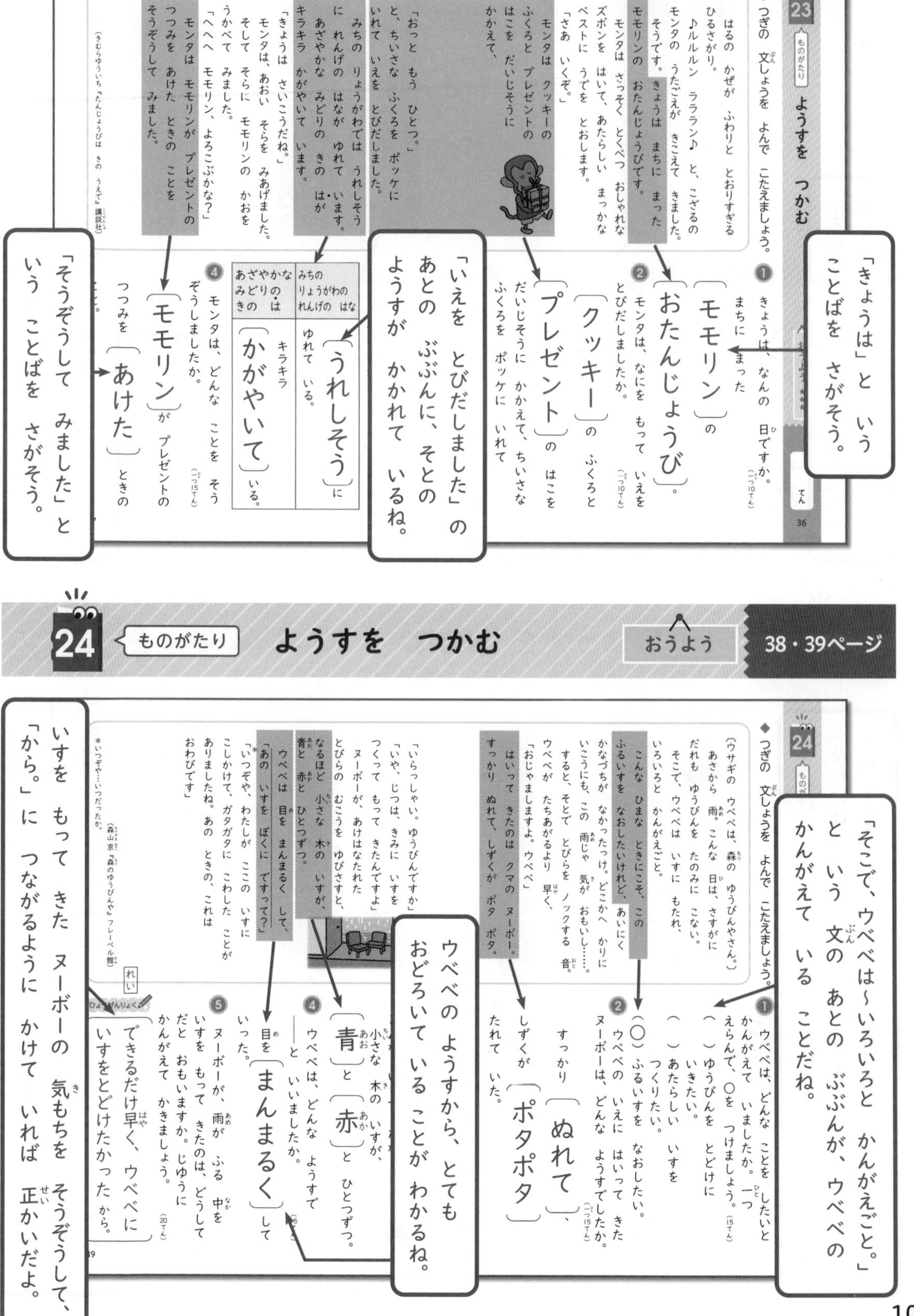

◆ つぎの 文しょうを よんで こたえましょう。

はるの かぜが ふわりと とおりすぎる ひるさがり。

♪ルルルン ラララン♪ と、こざるの モンタの うたごえが きこえて きました。

そうです。きょうは まちに まった モモリンの おたんじょうびです。

モンタは さっそく とくべつ おしゃれな ズボンを はいて、あたらしい まっかな ベストに うでを とおします。

「さあ いくぞ。」

モンタは クッキーの ふくろと プレゼントの はこを だいじそうに かかえて、

「おっと もう ひとつ。」

と、ちいさな ふくろを ポッケに いれて いえを とびだしました。

みちの りょうがわでは うれしそうに れんげの はなが ゆれて います。あざやかな みどりの きの はが キラキラ かがやいて います。

「きょうは さいこうだね。」

モンタは、あおい そらを みあげました。そして そらに モモリンの かおを うかべて みました。

「へへへ モモリン、よろこぶかな?」

モンタは モモリンが プレゼントの つつみを あけた ときの ことを そうぞうして みました。

（きむらゆういち『たんじょうびは きの うえで』講談社）

1 きょうは、なんの 日ですか。（一つ10てん）
まちに まった〔モモリン〕の〔おたんじょうび〕。

2 モンタは、なにを もって いえを とびだしましたか。（一つ10てん）
〔クッキー〕の ふくろと〔プレゼント〕の はこを だいじそうに かかえて、ちいさな ふくろを ポッケに いれて

みちの りょうがわの れんげの はな	あざやかな みどりの・きの は
〔うれしそう〕に ゆれて いる。	キラキラ〔かがやいて〕いる。

4 モンタは、どんな ことを そうぞうしましたか。（一つ15てん）
〔モモリン〕が プレゼントの つつみを〔あけた〕ときの

「きょうは」と いう ことばを さがそう。

「いえを とびだしました」の あとの ぶぶんに、そとの ようすが かかれて いるね。

「そうぞうして みました」と いう ことばを さがそう。

24 ものがたり　ようすを　つかむ　おうよう　38・39ページ

◆ つぎの 文しょうを よんで こたえましょう。

（ウサギの ウベベは、森の ゆうびんやさん。）

あさから 雨。こんな 日は、さすがに だれも ゆうびんを たのみに こない。

そこで、ウベベは いすに もたれ、いろいろと かんがえごと。

こんな ひまな ときにこそ、この ふるいすを なおしたいけれど、あいにく かなづちが なかったっけ。どこかへ かりに いこうにも、この 雨じゃ 気が おもいし……。

すると、そとで とびらを ノックする 音。

ウベベが たちあがるより 早く、

「おじゃましますよ。ウベベ」

はいって きたのは クマの ヌーボー。すっかり ぬれて、しずくが ポタ ポタ。

「いらっしゃい。ゆうびんですか」

「いや、じつは、きみに いすを つくって もって きたんですよ」

ヌーボーが、あけはなたれた とびらの むこうを ゆびさすと、なるほど 小さな 木の いすが、青と 赤と ひとつずつ。

「あの いすを ぼくに ですって?」

ウベベは 目を まんまるく して、

「いつぞや、わたしが ここの いすに こしかけて、ガタガタに こわした ことが ありましたね。あの ときの、これは おわびです」

*いつぞや…いつだったか。

（森山京『森のゆうびんや』フレーベル館）

1 ウベベは、どんな ことを したいと かんがえて いましたか。一つ えらんで、○を つけましょう。（15てん）
（ ）ゆうびんを とどけに いきたい。

（ ）あたらしい いすを つくりたい。

（○）ふるいすを なおしたい。

2 ウベベの いえに はいって きた ヌーボーは、どんな ようすでしたか。（一つ15てん）
すっかり〔ぬれて〕、しずくが〔ポタポタ〕たれて いた。

小さな 木の いすが、〔青〕と〔赤〕と ひとつずつ。

4 ウベベは、どんな ようすで ―と いいましたか。
目を〔まんまるく〕して いった。

5 ヌーボーが、雨が ふる 中を いすを もって きたのは、どうしてだと おもいますか。じゆうに かんがえて かきましょう。（20てん）
れい できるだけ早く、ウベベに いすをとどけたかったから。

「そこで、ウベベは～いろいろと かんがえごと。」と いう 文の あとの ぶぶんが、ウベベの かんがえて いる ことだね。

ウベベの ようすから、とても おどろいて いる ことが わかるね。

いすを もって きた ヌーボーの 気もちを そうぞうして、「から。」に つながるように かけて いれば 正かいだよ。

25・26 せつめい文 じゅんじょに 気を つけて よむ

きほん 40・41ページ

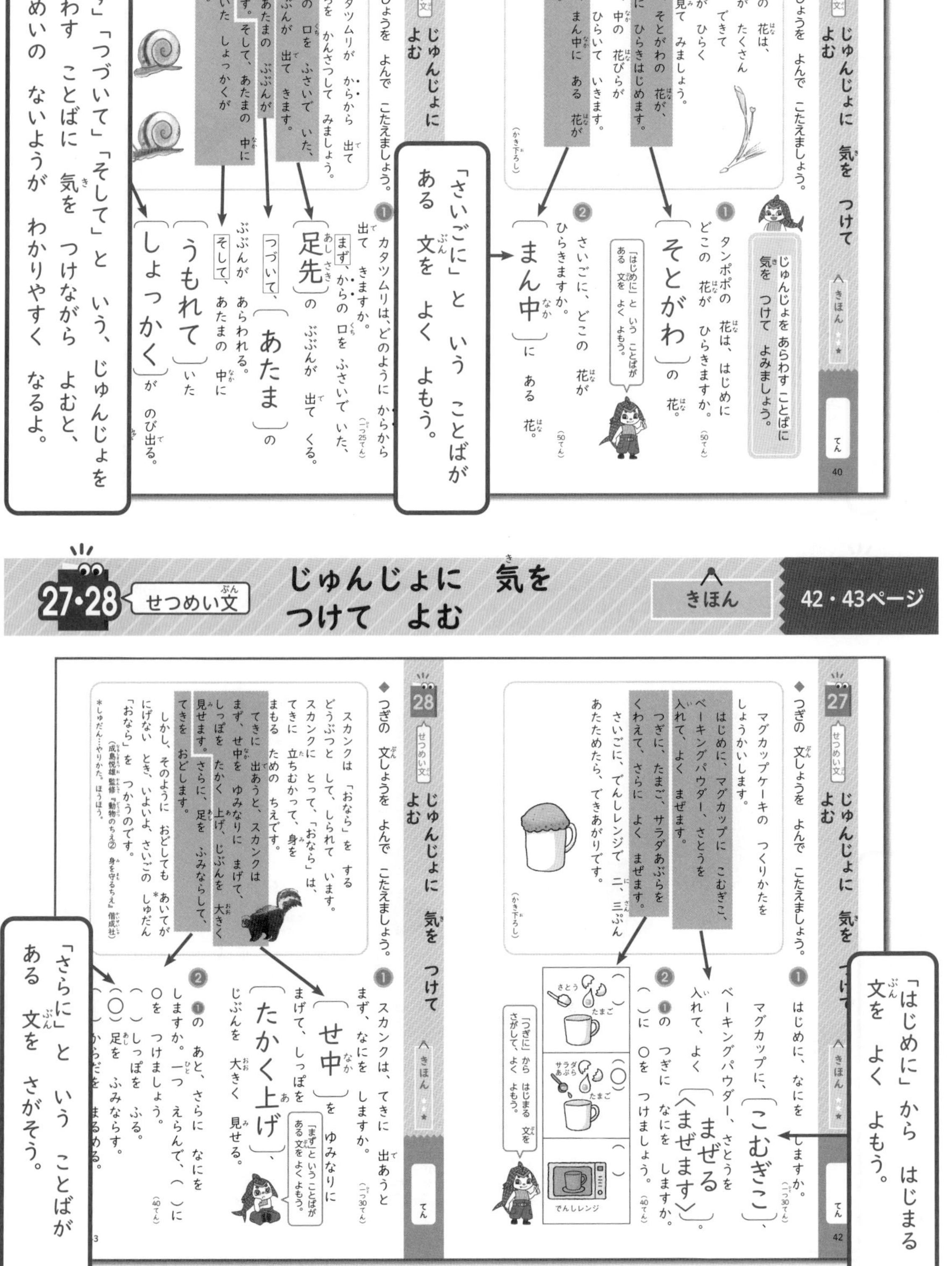

25 せつめい文 じゅんじょに 気を つけて よむ
きほん
◆つぎの 文しょうを よんで こたえましょう。
タンポポの 花は、小さな 花が たくさん あつまって できて います。花が ひらく ようすを 見て みましょう。

はじめに、そとがわの 花が、じゅんばんに ひらきはじめます。

それから、中の 花びらが だんだんと ひらいて いきます。

さいごに、まん中に ある 花が ひらきます。

（かき下ろし）

じゅんじょを あらわす ことばに 気を つけて よみましょう。
1 タンポポの 花は、はじめに どこの 花が ひらきますか。（50てん）
〔そとがわ〕の 花。
「はじめに」と いう ことばが ある 文を よく よもう。
2 さいごに、どこの 花が ひらきますか。（50てん）
〔まん中〕に ある 花。
40
26 せつめい文 じゅんじょに 気を つけて よむ
◆つぎの 文しょうを よんで こたえましょう。
さあ、カタツムリが からから 出て くる ところを かんさつして みましょう。

まず、からの 口を ふさいで いた、足先の ぶぶんが 出て きます。

つづいて、あたまの ぶぶんが あらわれます。そして、あたまの 中に うもれて いた しょっかくが のび出ます。
1 カタツムリは、どのように からから 出て きますか。（一つ25てん）
まず、からの 口を ふさいで いた、〔足先〕の ぶぶんが 出て くる。

つづいて、〔あたま〕の ぶぶんが あらわれる。

そして、あたまの 中に 〔うもれて〕いた 〔しょっかく〕が のび出る。


「さいごに」と いう ことばが ある 文を よく よもう。

「まず」「つづいて」「そして」と いう、じゅんじょを あらわす ことばに 気を つけながら よむと、せつめいの ないようが わかりやすく なるよ。

27・28 せつめい文 じゅんじょに 気を つけて よむ

きほん 42・43ページ

27 せつめい文 じゅんじょに 気を つけて よむ
◆つぎの 文しょうを よんで こたえましょう。
マグカップケーキの つくりかたを しょうかいします。

はじめに、マグカップに こむぎこ、ベーキングパウダー、さとうを 入れて、よく まぜます。

つぎに、たまご、サラダあぶらを くわえて、さらに よく まぜます。

さいごに、でんしレンジで 二、三ぷん あたためたら、できあがりです。

（かき下ろし）
1 はじめに、なにを しますか。（一つ30てん）
マグカップに、〔こむぎこ〕、ベーキングパウダー、さとうを 入れて、よく 〔〈まぜる〉〈まぜます〉〕。
2 1の つぎに なにを しますか。（ ）に ○を つけましょう。（40てん）
さとう たまご
サラダあぶら たまご
でんしレンジ
「つぎに」から はじまる 文を さがして、よく よもう。
42
28 せつめい文 じゅんじょに 気を つけて よむ
◆つぎの 文しょうを よんで こたえましょう。
スカンクは 「おなら」を する どうぶつと して、しられて います。スカンクに とって、「おなら」は、てきに 立ちむかって、身を まもる ための ちえです。

てきに 出あうと、スカンクは まず、せ中を ゆみなりに まげて、しっぽを たかく 上げ、じぶんを 大きく 見せます。さらに、足を ふみならして、てきを おどします。

しかし、そのように おどしても あいてが にげない とき、いよいよ、さいごの しゅだん* 「おなら」を つかうのです。

*しゅだん…やりかた。ほうほう。

（成島悦雄 監修『動物のちえ② 身を守るちえ』偕成社）
1 スカンクは、てきに 出あうと まず、なにを しますか。（一つ30てん）
〔せ中〕を ゆみなりに まげて、しっぽを 〔たかく上げ〕、じぶんを 大きく 見せる。
「まず」と いう ことばが ある 文を よく よもう。
2 1の あと、さらに なにを しますか。一つ えらんで、（ ）に ○を つけましょう。（40てん）
（ ）しっぽを ふる。

（○）足を ふみならす。

（ ）からだを まるめる。

43

「はじめに」から はじまる 文を よく よもう。

「さらに」と いう ことばが ある 文を さがそう。

29 せつめい文 じゅんじょに　気を　つけて　よむ　れんしゅう　44・45ページ

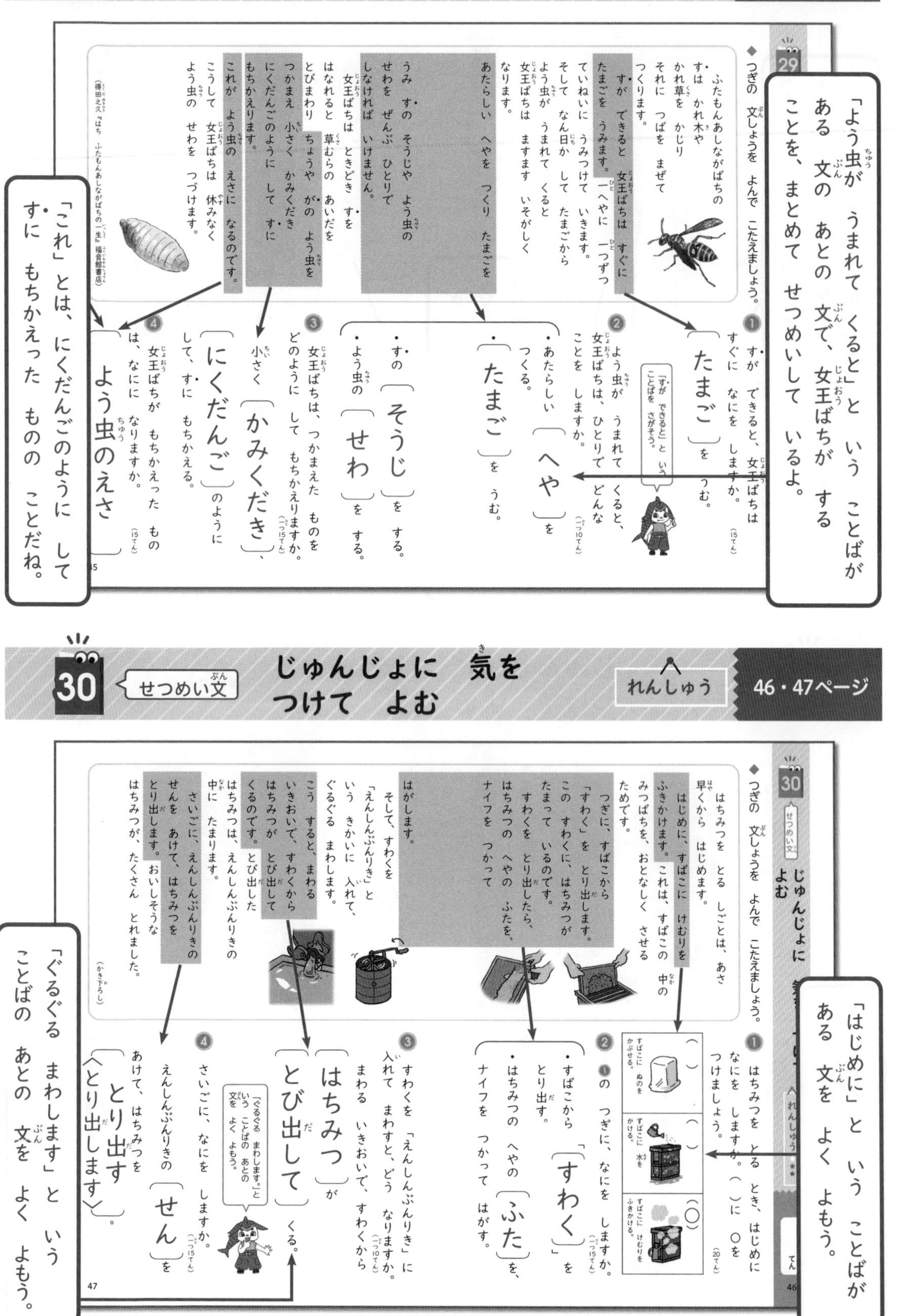

◆つぎの　文しょうを　よんで　こたえましょう。
ふたもんあしながばちの　すは　かれ木や　かれ草を　かじり　それに　つばを　まぜて　つくります。
すが　できると　女王ばちは　すぐに　たまごを　うみます。一へやに　一つずつ　ていねいに　うみつけて　いきます。
そして　なん日か　して　たまごから　よう虫が　うまれて　くると　女王ばちは　ますます　いそがしく　なります。
あたらしい　へやを　つくり　たまごを　うみ　すの　そうじや　よう虫の　せわを　ぜんぶ　ひとりで　しなければ　いけません。
女王ばちは　ときどき　すを　はなれると　草むらの　あいだを　とびまわり　ちょうや　がの　よう虫を　つかまえ　小さく　かみくだき　にくだんごのように　して　すに　もちかえります。
これが　よう虫の　えさに　なるのです。
こうして　女王ばちは　休みなく　よう虫の　せわを　つづけます。
（得田之久『はち　ふたもんあしながばちの一生』福音館書店）
1 すが　できると、女王ばちは　すぐに　なにを　しますか。（15てん）
〔たまご〕を　うむ。
2 よう虫が　うまれて　くると、女王ばちは、ひとりで　どんな　ことを　しますか。（一つ10てん）
「すが　できると」と　いう　ことばを　さがそう。
・あたらしい〔へや〕を　つくる。
・〔たまご〕を　うむ。
・すの〔そうじ〕を　する。
・よう虫の〔せわ〕を　する。
3 女王ばちは、つかまえた　ものを　どのように　して　もちかえりますか。（一つ15てん）
小さく〔かみくだき〕、〔にくだんご〕のように　して、すに　もちかえる。
4 女王ばちが　もちかえった　ものは、なにに　なりますか。（15てん）
〔よう虫のえさ〕
45
「よう虫が　うまれて　くると」と　いう　ことばが　ある　文の　あとの　文で、女王ばちが　する　ことを、まとめて　せつめいして　いるよ。
「これ」とは、にくだんごのように　して　すに　もちかえった　ものの　ことだね。

30 せつめい文 じゅんじょに　気を　つけて　よむ　れんしゅう　46・47ページ

◆つぎの　文しょうを　よんで　こたえましょう。
はちみつを　とる　しごとは、あさ　早くから　はじめます。

はじめに、すばこに　けむりを　ふきかけます。これは、すばこの　中の　みつばちを、おとなしく　させる　ためです。

つぎに、すばこから　「すわく」を　とり出します。この　すわくに、はちみつが　たまって　いるのです。

すわくを　とり出したら、はちみつの　へやの　ふたを、ナイフを　つかって　はがします。

そして、すわくを　「えんしんぶんりき」と　いう　きかいに　入れて、ぐるぐる　まわします。

こう　すると、まわる　いきおいで、すわくから　はちみつが　とび出して　くるのです。とび出した　はちみつは、えんしんぶんりきの　中に　たまります。

さいごに、えんしんぶんりきの　せんを　あけて、はちみつを　とり出します。おいしそうな　はちみつが、たくさん　とれました。

（かき下ろし）
1 はちみつを　とる　とき、はじめに　なにを　しますか。（　）に　○を　つけましょう。（20てん）
（　）すばこに　ぬのを　かぶせる。

（　）すばこに　水を　かける。

（○）すばこに　けむりを　ふきかける。
2 1の　つぎに、なにを　しますか。（一つ15てん）
・すばこから　「〔すわく〕」を　とり出す。
・はちみつの　へやの〔ふた〕を、ナイフを　つかって　はがす。
3 すわくを　「えんしんぶんりき」に　入れて　まわすと、どう　なりますか。（一つ10てん）
まわる　いきおいで、すわくから〔はちみつ〕が〔とび出して〕くる。
「ぐるぐる　まわします。」と　いう　ことばの　あとの　文を　よく　よもう。
4 さいごに、なにを　しますか。（一つ15てん）
えんしんぶんりきの〔せん〕を　あけて、はちみつを〔〈とり出す〉とり出します〕。
46
47
「はじめに」と　いう　ことばが　ある　文を　よく　よもう。
「ぐるぐる　まわします」と　いう　ことばの　あとの　文を　よく　よもう。

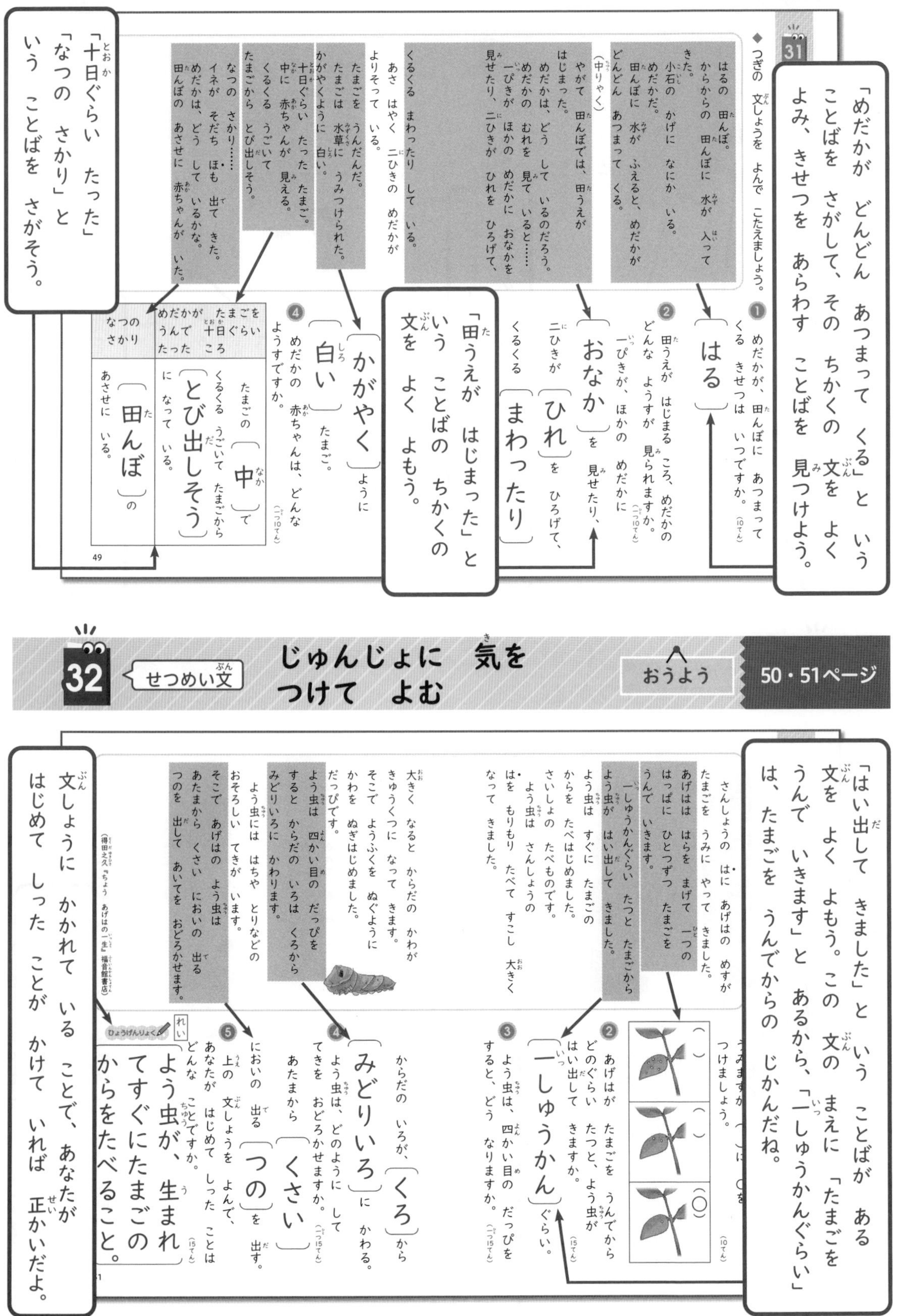

31 せつめい文　じゅんじょに　気を　つけて　よむ　おうよう　48・49ページ

「めだかが　どんどん　あつまって　くる」と　いう　ことばを　さがして、その　ちかくの　文を　よく　よみ、きせつを　あらわす　ことばを　見つけよう。

◆つぎの　文しょうを　よんで　こたえましょう。

はるの　田んぼ。
からからの　田んぼに　水が　入って　きた。
小石の　かげに　なにか　いる。
めだかだ。
田んぼに　水が　ふえると、めだかが　どんどん　あつまって　くる。

やがて　田んぼでは、田うえが　はじまった。
めだかは、どう　して　いるのだろう。
めだかの　むれを　見て　いると……
一ぴきが　ほかの　めだかに　おなかを　見せたり、二ひきが　ひれを　ひろげて、くるくる　まわったり　して　いる。
あさ　はやく　二ひきの　めだかが　よりそって　いる。
たまごを　うんだんだ。
たまごは　水草に　うみつけられた。
かがやくように　白い。
十日ぐらい　たった　たまご。
中に　赤ちゃんが　見える。
くるくる　うごいて　たまごから　とび出しそう。
なつの　さかり……
イネが　そだち　ほも　出て　きた。
めだかは、どう　して　いるかな。
田んぼの　あさせに　赤ちゃんが　いた。

（中りゃく）

1 めだかが、田んぼに　あつまって　くる　きせつは　いつですか。（10てん）
〔はる〕

2 田うえが　はじまる　ころ、めだかの　どんな　ようすが　見られますか。（一つ10てん）
一ぴきが、ほかの　めだかに〔おなか〕を　見せたり、二ひきが〔ひれ〕を　ひろげて、くるくる〔まわったり〕

「田うえが　はじまった」と　いう　ことばの　ちかくの　文を　よく　よもう。

3 たまごは　どんな　ようすでしたか。
〔かがやく〕ように〔白い〕たまご。

4 めだかの　赤ちゃんは、どんな　ようすですか。（一つ10てん）

めだかが　たまごを　うんで　十日ぐらい　たった　ころ	たまごの〔中〕で　くるくる　うごいて　たまごから〔とび出しそう〕に　なって　いる。
なつの　さかり	あさせに〔田んぼ〕の　いる。

「十日ぐらい　たった」「なつの　さかり」と　いう　ことばを　さがそう。

32 せつめい文　じゅんじょに　気を　つけて　よむ　おうよう　50・51ページ

「はい出して　きました」と　いう　文を　よく　よもう。　ことばが　ある　文の　まえに「たまごを　うんで　いきます」と　あるから、「一しゅうかんぐらい」は、たまごを　うんでからの　じかんだね。

さんしょうの　はに　あげはの　めすが　たまごを　うみに　やって　きました。
あげはは　はらを　まげて　一つの　はっぱに　ひとつずつ　たまごを　うんで　いきます。
一しゅうかんぐらい　たつと　たまごから　よう虫が　はい出して　きました。
よう虫は　すぐに　たまごの　からを　たべはじめました。
さいしょの　たべものです。
よう虫は　さんしょうの　はを　もりもり　たべて　すこし　大きく　なって　きました。
大きく　なると　からだの　かわが　きゅうくつに　なって　きます。
そこで　ようふくを　ぬぐように　かわを　ぬぎはじめました。
だっぴです。
よう虫は　四かい目の　だっぴを　すると　からだの　いろは　くろから　みどりいろに　かわります。
よう虫には　はちや　とりなどの　おそろしい　てきが　います。
そこで　あげはの　よう虫は　あたまから　くさい　においの　出る　つのを　出して　あいてを　おどろかせます。

（得田之久「ちょう　あげはの一生」福音館書店）

1 うみますか。（　）に　○を　つけましょう。（10てん）
（　）（　）（○）

2 あげはが　たまごを　うんでから　どのぐらい　たつと、よう虫が　はい出して　きますか。（15てん）
〔一しゅうかん〕ぐらい。

3 よう虫は、四かい目の　だっぴを　すると、どう　なりますか。（一つ15てん）
からだの　いろが、〔くろ〕から〔みどりいろ〕に　かわる。

4 よう虫は、どのように　して　てきを　おどろかせますか。（一つ15てん）
あたまから〔くさい〕においの　出る〔つの〕を　出す。

5 上の　文しょうを　よんで、あなたが　はじめて　しった　ことは　どんな　ことですか。（15てん）
ひょうげんりょく　れい
よう虫が、生まれてすぐにたまごのからをたべること。

文しょうに　かかれて　いる　ことで、あなたが　はじめて　しった　ことが　かけて　いれば　正かいだよ。

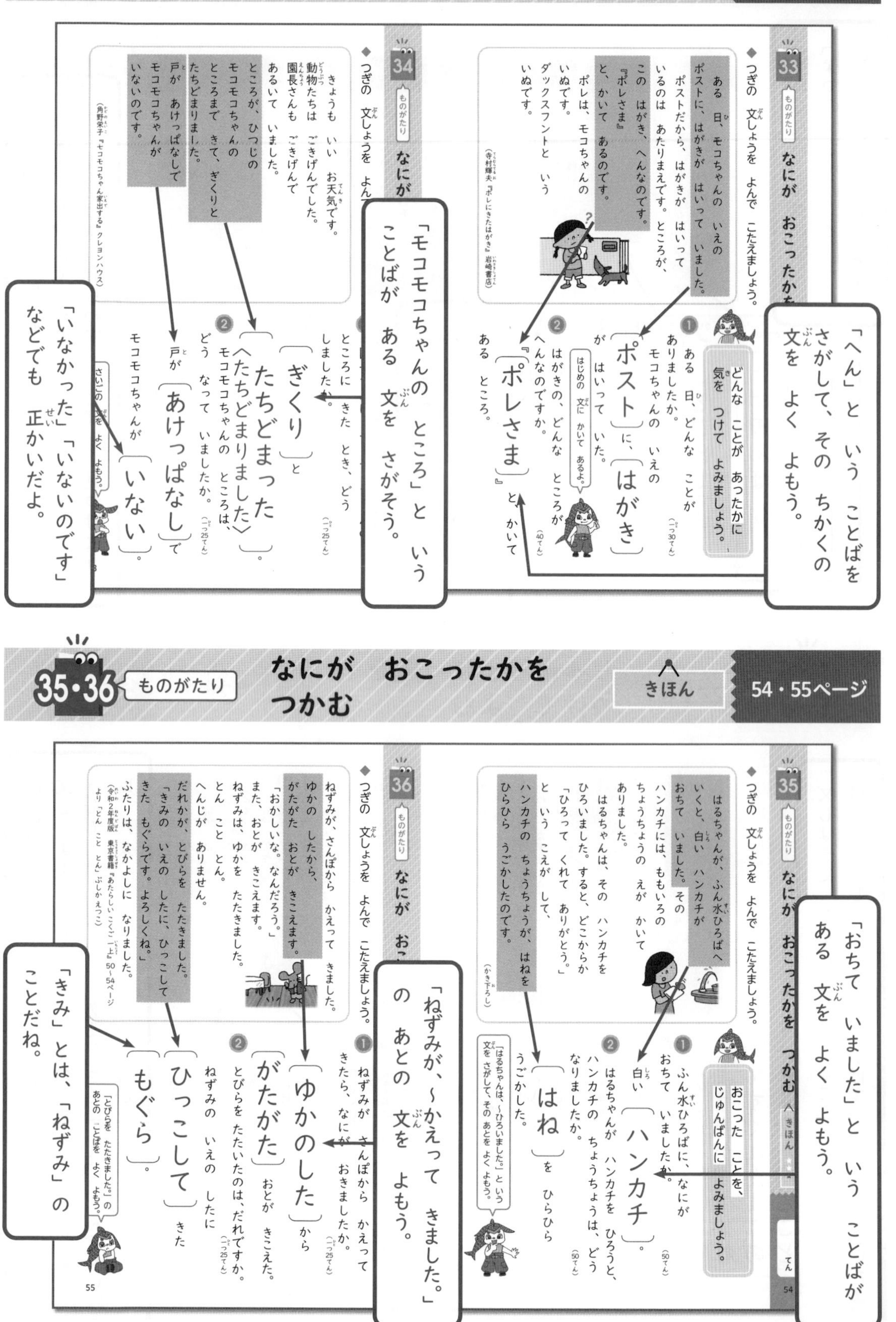

33・34 ものがたり なにが　おこったかを　つかむ

きほん　52・53ページ

◆33 ものがたり　なにが　おこったかを　つかむ

つぎの　文しょうを　よんで　こたえましょう。

ある　日、モコちゃんの　いえの　ポストに、はがきが　はいって　いました。いるのは　あたりまえです。ところが、ポストだから、はがきが　はいって　このはがき、へんなのです。『ポレさま』と、かいて　あるのです。ポレは、モコちゃんの　いぬです。ダックスフントと　いう　いぬです。

（寺村輝夫『ポレにきたはがき』岩崎書店）

どんな　ことが　あったかに　気を　つけて　よみましょう。

❶ ある　日、どんな　ことが　ありましたか。（一つ30てん）
モコちゃんの　いえの　〔ポスト〕に、〔はがき〕が　はいって　いた。

❷ はがきの、どんな　ところが　へんなのですか。（40てん）
『〔ポレさま〕』と　かいて　ある　ところ。

はじめの　文に　かいて　あるよ。

「へん」と　いう　ことばを　さがして、その　ちかくの　文を　よく　よもう。

◆34 ものがたり　なにが

つぎの　文しょうを　よんで

きょうも　いい　お天気です。動物たちは　ごきげんでした。園長さんも　ごきげんで　あるいて　いました。ところが、ひつじの　モコモコちゃんの　ところまで　きて、ぎくりと　たちどまりました。戸が　あけっぱなしで　モコモコちゃんが　いないのです。

（角野栄子『モコモコちゃん家出する』クレヨンハウス）

❶ ところに　きた　とき、どう　しましたか。（一つ25てん）
〔ぎくり〕と　〔たちどまった（たちどまりました）〕。

❷ モコモコちゃんの　ところは、どう　なって　いましたか。（一つ25てん）
戸が　〔あけっぱなし〕で　モコモコちゃんが　〔いない〕。

さいごの　文を　よく　よもう。

「モコモコちゃんの　ところ」と　いう　ことばが　ある　文を　さがそう。

「いなかった」「いないのです」などでも　正かいだよ。

35・36 ものがたり なにが　おこったかを　つかむ

きほん　54・55ページ

◆35 ものがたり　なにが　おこったかを　つかむ

つぎの　文しょうを　よんで　こたえましょう。

はるちゃんが、ふん水ひろばへ　いくと、白い　ハンカチが　おちて　いました。その　ハンカチには、ももいろの　ちょうちょうの　えが　かいて　ありました。はるちゃんは、その　ハンカチを　ひろいました。すると、どこからか　「ひろって　くれて　ありがとう。」と　いう　こえが　して、ハンカチの　ちょうちょうが、はねを　ひらひら　うごかしたのです。

（かき下ろし）

おこった　ことを、じゅんばんに　よみましょう。

❶ ふん水ひろばに、なにが　おちて　いましたか。（50てん）
白い　〔ハンカチ〕。

❷ はるちゃんが　ハンカチを　ひろうと、ハンカチの　ちょうちょうは、どう　なりましたか。（50てん）
〔はね〕を　ひらひら　うごかした。

「はるちゃんは、～ひろいました。」と　いう　文を　さがして、その　あとを　よく　よもう。

「おちて　いました」と　いう　ことばが　ある　文を　よく　よもう。

◆36 ものがたり　なにが　おこ

つぎの　文しょうを　よんで　こたえましょう。

ねずみが、さんぽから　かえって　きました。ゆかの　したから、がたがた　おとが　きこえます。「おかしいな。なんだろう。」また、おとが　きこえます。ねずみは、ゆかを　たたきました。とん　こと　とん。へんじが　ありません。だれかが、とびらを　たたきました。「きみの　いえの　したに、ひっこして　きた　もぐらです。よろしくね。」ふたりは、なかよしに　なりました。

（令和2年度版　東京書籍『あたらしい　こくご　一上』50～54ページより「とん　こと　とん」ぶしかえつこ）

❶ ねずみが　さんぽから　かえって　きたら、なにが　おきましたか。（一つ25てん）
〔ゆかのした〕から　〔がたがた〕おとが　きこえた。

❷ とびらを　たたいたのは、だれですか。（一つ25てん）
ねずみの　いえの　したに　〔ひっこして〕きた　〔もぐら〕。

「とびらを　たたきました。」の　あとの　ことばを　よく　よもう。

「ねずみが、～かえって　きました。」の　あとの　文を　よもう。

「きみ」とは、「ねずみ」の　ことだね。

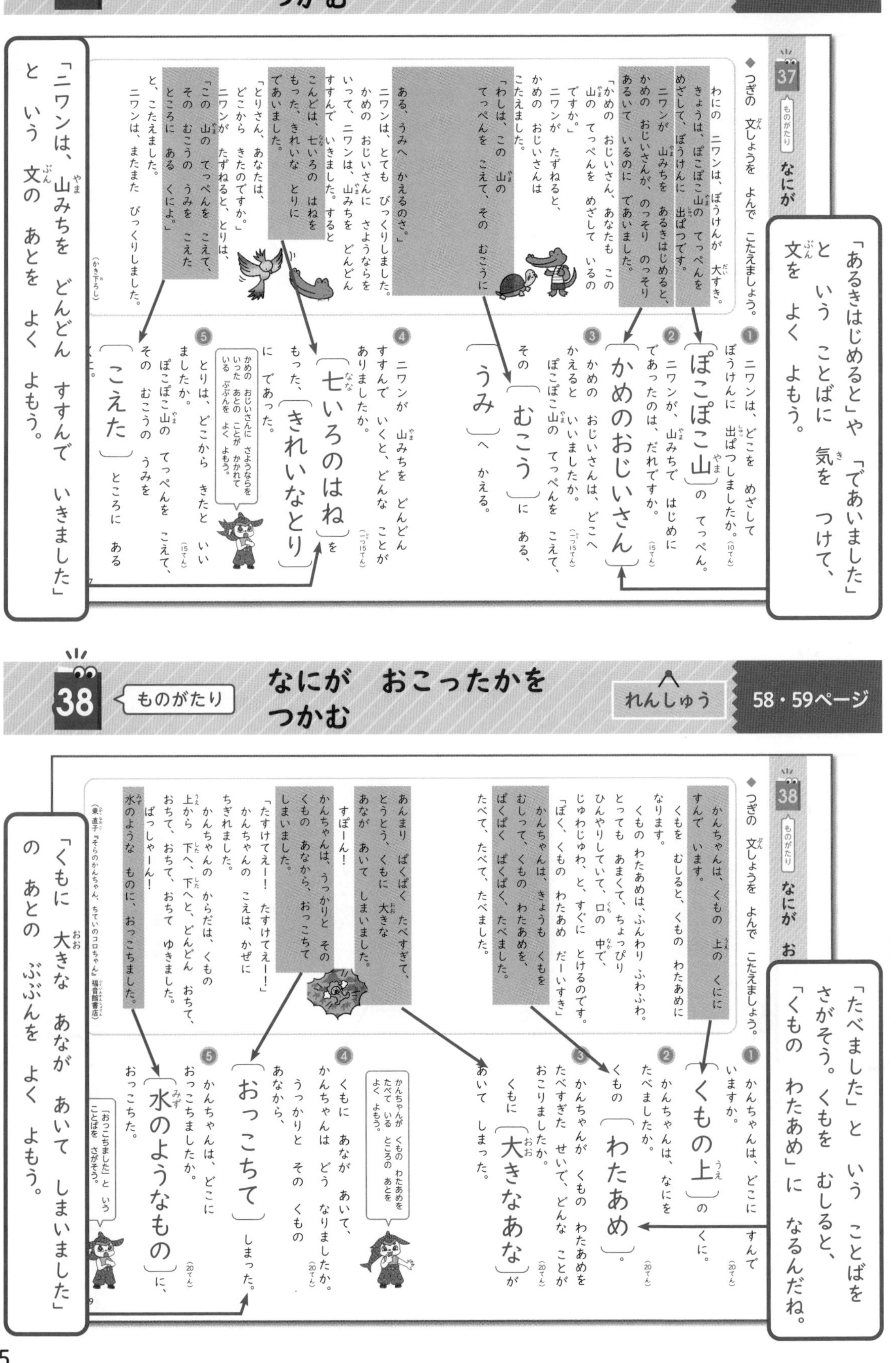

37 ものがたり

なにが　おこったかを　つかむ

れんしゅう　56・57ページ

「あるきはじめると」や　「であいました」と　いう　ことばに　気を　つけて、文を　よく　よもう。

◆つぎの　文しょうを　よんで　こたえましょう。

わにの　ニワンは、ぼうけんが　大すき。

きょうは、ぽこぽこ山の　てっぺんを　めざして、ぼうけんに　出ぱつです。

ニワンが　山みちを　あるきはじめると、かめの　おじいさんが、のっそり　のっそり　あるいて　いるのに　であいました。

「かめの　おじいさん、あなたも　この　山の　てっぺんを　めざして　いるの　ですか。」

ニワンが　たずねると、かめの　おじいさんは　こたえました。

「わしは、この　山の　てっぺんを　こえて、その　むこうに　ある、うみへ　かえるのさ。」

ニワンは、とても　びっくりしました。かめの　おじいさんに　さようならを　いって、ニワンは、山みちを　どんどん　すすんで　いきました。すると　こんどは、七いろの　はねを　もった、きれいな　とりに　であいました。

「とりさん、あなたは、どこから　きたのですか。」

ニワンが　たずねると、とりは、

「この　山の　てっぺんを　こえて、その　むこうの　うみを　こえた　ところに　ある　くによ。」

と、こたえました。

ニワンは、またまた　びっくりしました。

（かき下ろし）

1 ニワンは、どこを　めざして　ぼうけんに　出ぱつしましたか。（10てん）
［ぽこぽこ山］の　てっぺん。

2 ニワンが、山みちで　はじめに　であったのは、だれですか。（15てん）
［かめのおじいさん］

3 かめの　おじいさんは、どこへ　かえると　いいましたか。（一つ15てん）
ぽこぽこ山の　てっぺんを　こえて、その［むこう］に　ある、［うみ］へ　かえる。

4 ニワンが　山みちを　どんどん　すすんで　いくと、どんな　ことが　ありましたか。（一つ15てん）
［七いろのはね］を　もった、［きれいなとり］に　であった。

かめの　おじいさんに　さようならを　いった　あとの　ことが　かかれて　いる　ぶぶんを　よく　よもう。

5 とりは、どこから　きたと　いいましたか。（15てん）
ぽこぽこ山の　てっぺんを　こえて、その　むこうの　うみを［こえた］ところに　ある　くに。

「ニワンは、山みちを　どんどん　すすんで　いきました」と　いう　文の　あとを　よく　よもう。

38 ものがたり

なにが　おこったかを　つかむ

れんしゅう　58・59ページ

「たべました」と　いう　ことばを　さがそう。くもを　むしると、「くもの　わたあめ」に　なるんだね。

◆つぎの　文しょうを　よんで　こたえましょう。

かんちゃんは、くもの　上の　くにに　すんで　います。

くもを　むしると、くもの　わたあめに　なります。

くもの　わたあめは、ふんわり　ふわふわ。とっても　あまくて、ちょっぴり　ひんやりしていて、口の　中で、じゅわじゅわ、と、すぐに　とけるのです。

「ぼく、くもの　わたあめ　だーいすき。」

かんちゃんは、きょうも　くもを　むしって、くもの　わたあめを、ぱくぱく　ぱくぱく、たべました。

たべて、たべて、たべました。

あんまり　ぱくぱく　たべすぎて、とうとう、くもに　大きな　あなが　あいて　しまいました。

すぽーん！

かんちゃんは、うっかりと　その　くもの　あなから、おっこちて　しまいました。

「たすけてえー！　たすけてえー！」

かんちゃんの　こえは、かぜに　ちぎれました。

かんちゃんの　からだは、くもの　上から　下へ、下へと、どんどん　おちて、おちて、おちて　ゆきました。

ばっしゃーん！

水のような　ものに、おっこちました。

（東直子『そらのかんちゃん、ちていのコロちゃん』福音館書店）

1 かんちゃんは、どこに　すんで　いますか。（20てん）
［くもの上］の　くに。

2 かんちゃんは、なにを　たべましたか。（20てん）
くもの［わたあめ］。

3 かんちゃんが　くもの　わたあめを　たべすぎた　せいで、どんな　ことが　おこりましたか。（20てん）
くもに［大きなあな］が　あいて　しまった。

4 くもに　あなが　あいて、かんちゃんは　どう　なりましたか。（20てん）
うっかりと　その　くもの　あなから、［おっこちて］しまった。

かんちゃんが　くもの　わたあめを　たべて　いる　ところの　あとを　よく　よもう。

5 かんちゃんは、どこに　おっこちましたか。（20てん）
［水のようなもの］に、おっこちた。

「おっこちました」と　いう　ことばを　さがそう。

「くもに　大きな　あなが　あいて　しまいました」の　あとの　ぶぶんを　よく　よもう。

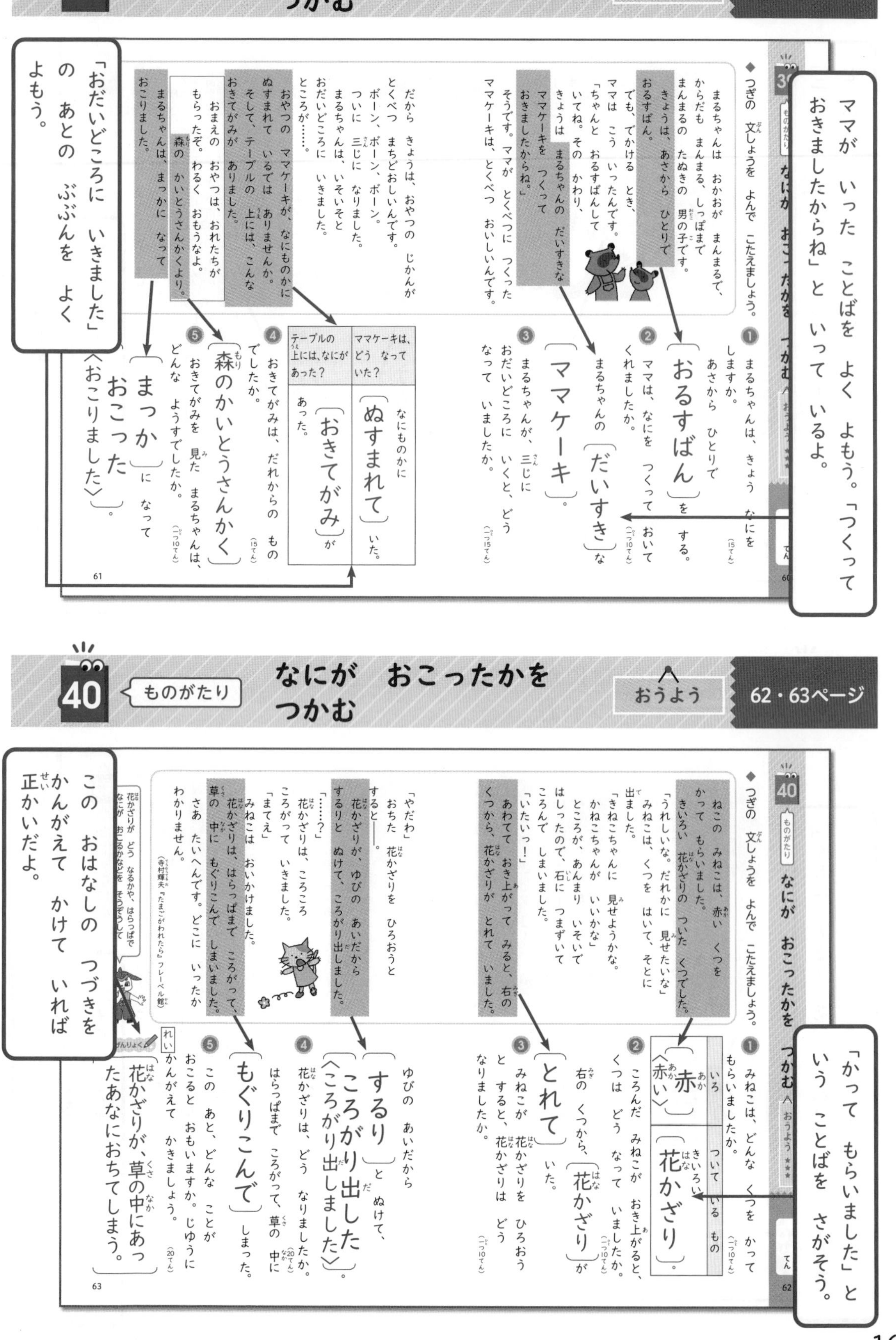

39 ものがたり　なにが　おこったかを　つかむ　おうよう　60・61ページ

ママが　いった　ことばを　よく　よもう。「つくって　おきましたからね」と　いって　いるよ。

◆つぎの　文しょうを　よんで　こたえましょう。

まるちゃんは　おかおが　まんまるで、からだも　まんまる、しっぽまで　まんまるの　たぬきの　男の子です。

きょうは、あさから　ひとりで　おるすばん。

でも、でかける　とき、ママは　こう　いったんです。「ちゃんと　おるすばんして　いてね。その　かわり、きょうは　まるちゃんの　だいすきな　ママケーキを　つくって　おきましたからね。」

そうです。ママが　とくべつに　つくった　ママケーキは、とくべつ　おいしいんです。

だから　きょうは、おやつの　じかんが　とくべつ　まちどおしいんです。

ボーン、ボーン、ボーン。

ついに　三じに　なりました。

まるちゃんは、いそいそと　おだいどころに　いきました。

ところが……。

おやつの　ママケーキが、なにものかに　ぬすまれて　いるでは　ありませんか。そして、テーブルの　上には、こんな　おきてがみが　ありました。

おまえの　おやつは、おれたちが　もらったぞ。わるく　おもうなよ。森の　かいとうさんかくより。

まるちゃんは、まっかに　なって　おこりました。

❶ まるちゃんは、きょう　なにを　しますか。(15てん)
あさから　ひとりで　〔おるすばん〕を　する。

❷ ママは、なにを　つくって　おいて　くれましたか。(一つ10てん)
まるちゃんの　〔だいすき〕な　〔ママケーキ〕。

❸ まるちゃんが、三じに　おだいどころに　いくと、どう　なって　いましたか。(一つ15てん)

テーブルの　上には、なにが　あった？	ママケーキは、どう　なって　いた？
〔おきてがみ〕が　あった。	なにものかに　〔ぬすまれて〕　いた。

❹ おきてがみは、だれからの　ものでしたか。(15てん)
〔森のかいとうさんかく〕

❺ おきてがみを　見た　まるちゃんは、どんな　ようすでしたか。(一つ10てん)
〔まっか〕に　なって　〔おこった〕〈おこりました〉。

「おだいどころに　いきました」の　あとの　ぶぶんを　よく　よもう。

40 ものがたり　なにが　おこったかを　つかむ　おうよう　62・63ページ

「かって　もらいました」と　いう　ことばを　さがそう。

◆つぎの　文しょうを　よんで　こたえましょう。

ねこの　みねこは、赤い　くつを　かって　もらいました。きいろい　花かざりの　ついた　くつでした。

「うれしいな。だれかに　見せたいな」

みねこは、くつを　はいて、そとに　出ました。

「きねこちゃんに　見せようかな。かねこちゃんが　いいかな」

ところが、あんまり　いそいで　はしったので、石に　つまずいて　ころんで　しまいました。

「いたいっ！」

あわてて　おき上がって　みると、右の　くつから、花かざりが　とれて　いました。

「やだわ」

おちた　花かざりを　ひろおうと　すると――。

花かざりが、ゆびの　あいだから　するりと　ぬけて、ころがり出しました。

「……？」

花かざりは、ころころ　ころがって　いきました。

「まてえ」

みねこは　おいかけました。

花かざりは、はらっぱまで　ころがって、草の　中に　もぐりこんで　しまいました。

さあ　たいへんです。どこに　いったか　わかりません。

（寺村輝夫『たまごがわれたら』フレーベル館）

❶ みねこは、どんな　くつを　かって　もらいましたか。(一つ10てん)

いろ	ついて　いる　もの
〔赤〕〈赤い〉	〔きいろい　花かざり〕。

❷ ころんだ　みねこが　おき上がると、くつは　どう　なって　いましたか。(一つ10てん)
右の　くつから、〔花かざり〕が　〔とれて〕　いた。

❸ みねこが　花かざりを　ひろおうと　すると、花かざりは　どう　なりましたか。(一つ10てん)
ゆびの　あいだから　〔するり〕と　ぬけて、〔ころがり出した〕〈ころがり出しました〉。

❹ 花かざりは、どう　なりましたか。(20てん)
はらっぱまで　ころがって、草の　中に　〔もぐりこんで〕　しまった。

❺ この　あと、どんな　ことが　おこると　おもいますか。じゆうに　かんがえて　かきましょう。(20てん)
れい〔花かざりが、草の中にあったあなにおちてしまう。〕

(花かざりが　どう　なるかや、はらっぱで　なにが　おこるかなどを　そうぞうしてね)

この　おはなしの　つづきを　かんがえて　かけて　いれば　正かいだよ。

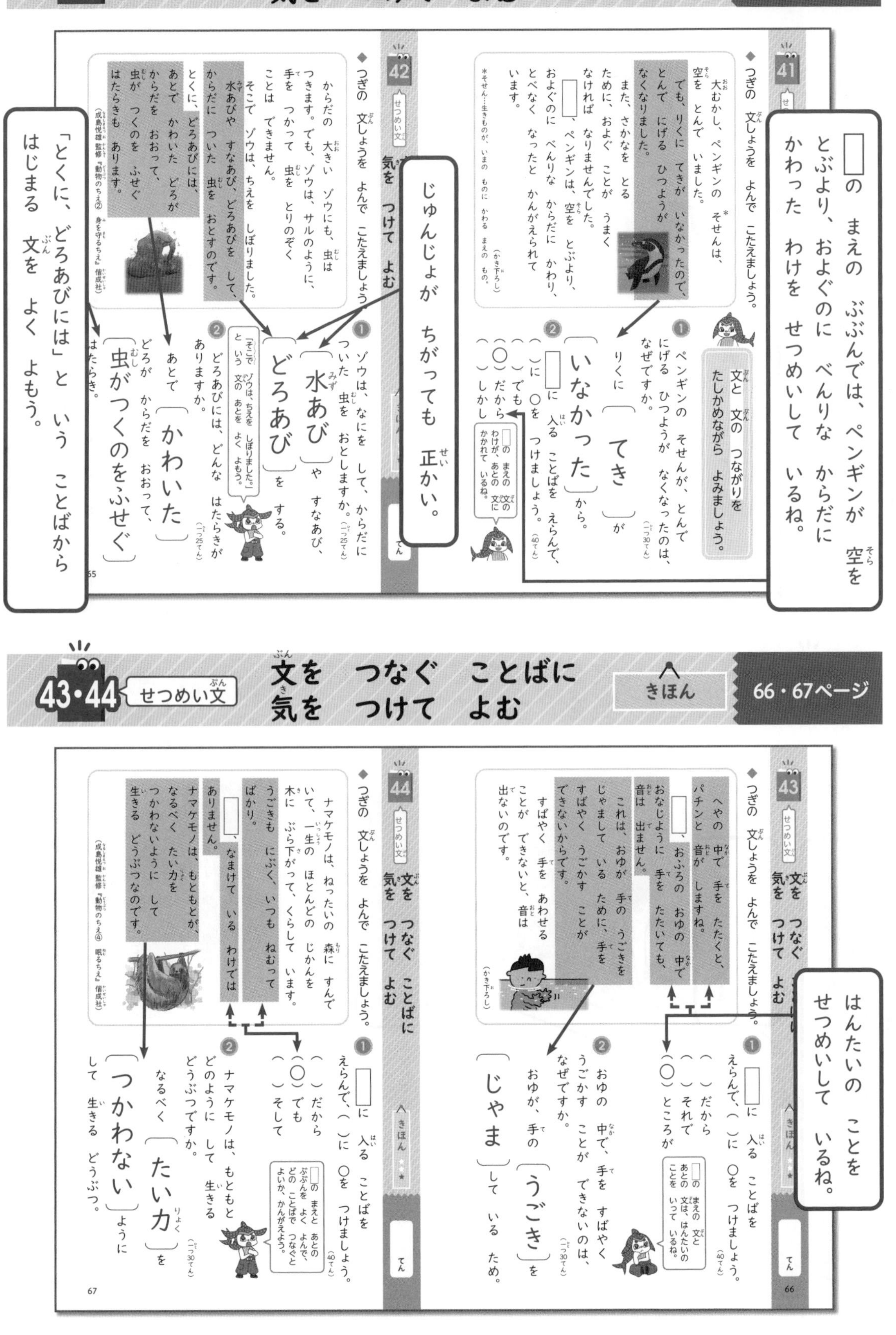

41・42 せつめい文　文を　つなぐ　ことばに　気を　つけて　よむ　きほん　64・65ページ

41 せつめい文

◆つぎの　文しょうを　よんで　こたえましょう。

大むかし、ペンギンの　そせん＊は、空を　とんで　いました。

でも、りくに　てきが　いなかったので、とんで　にげる　ひつようが　なくなりました。

また、さかなを　とる　ために、およぐ　ことが　うまく　なければ　なりませんでした。

□、ペンギンは、空を　とぶより、およぐのに　べんりな　からだに　かわり、とべなく　なったと　かんがえられて　います。

＊そせん…生きものが、いまの　ものに　かわる　まえの　もの。（かき下ろし）

文と　文の　つながりを　たしかめながら　よみましょう。

1　ペンギンの　そせんが、とんで　にげる　ひつようが　なくなったのは、なぜですか。（一つ30てん）

りくに〔てき〕が〔いなかった〕から。

2　□に　入る　ことばを　えらんで、（　）に　○を　つけましょう。（40てん）

（　）でも
（○）だから
（　）しかし

□の　まえの　文の　わけが、あとの　文に　かかれて　いるね。

□の　まえの　ぶぶんでは、ペンギンが　空を　とぶより、およぐのに　べんりな　からだに　かわった　わけを　せつめいして　いるね。

42 せつめい文

◆つぎの　文しょうを　よんで　こたえましょう。

からだの　大きい　ゾウにも、虫は　つきます。でも、ゾウは、サルのように、手を　つかって　虫を　とりのぞく　ことは　できません。

そこで　ゾウは、ちえを　しぼりました。水あびや　すなあび、どろあびを　して、からだに　ついた　虫を　おとすのです。

とくに、どろあびには、あとで　かわいた　どろが　からだを　おおって、虫が　つくのを　ふせぐ　はたらきも　あります。

（成島悦雄監修『動物のちえ②　身を守るちえ』偕成社）

1　ゾウは、なにを　して、からだに　ついた　虫を　おとしますか。（一つ25てん）

〔水あび〕や　すなあび、〔どろあび〕を　する。

「そこで　ゾウは、ちえを　しぼりました。」と　いう　文の　あとを　よく　よもう。

2　どろあびには、どんな　はたらきが　ありますか。（一つ25てん）

あとで〔かわいた〕どろが　からだを　おおって、〔虫がつくのをふせぐ〕はたらき。

じゅんじょが　ちがっても　正かい。

「とくに、どろあびには」と　いう　ことばから　はじまる　文を　よく　よもう。

65

43・44 せつめい文　文を　つなぐ　ことばに　気を　つけて　よむ　きほん　66・67ページ

43 せつめい文

◆つぎの　文しょうを　よんで　こたえましょう。

へやの　中で　手を　たたくと、パチンと　音が　しますね。

□、おふろの　おゆの　中で　おなじように　手を　たたいても、音は　出ません。

これは、おゆが　手の　うごきを　じゃまして　いる　ために、手を　すばやく　うごかす　ことが　できないからです。

すばやく　手を　あわせる　ことが　できないと、音は　出ないのです。

（かき下ろし）

1　□に　入る　ことばを　えらんで、（　）に　○を　つけましょう。（40てん）

（　）だから
（　）それで
（○）ところが

□の　まえの　文と　あとの　文は、はんたいの　ことを　いって　いるね。

はんたいの　ことを　せつめいして　いるね。

2　おゆの　中で、手を　すばやく　うごかす　ことが　できないのは、なぜですか。（一つ30てん）

おゆが、手の〔うごき〕を〔じゃま〕して　いる　ため。

66

44 せつめい文

◆つぎの　文しょうを　よんで　こたえましょう。

ナマケモノは、ねったいの　森に　すんで　いて、一生の　ほとんどの　じかんを　木に　ぶら下がって、くらして　います。

うごきも　にぶく、いつも　ねむって　ばかり。

□、なまけて　いる　わけでは　ありません。

ナマケモノは、もともとが、なるべく　たい力を　つかわないように　して　生きる　どうぶつなのです。

（成島悦雄監修『動物のちえ④　眠るちえ』偕成社）

1　□に　入る　ことばを　えらんで、（　）に　○を　つけましょう。（40てん）

（　）だから
（○）でも
（　）そして

□の　まえと　あとの　ぶぶんを　よく　よんで、どの　ことばで　つなぐと　よいか、かんがえよう。

2　ナマケモノは、もともと　どのように　して　生きる　どうぶつですか。（一つ30てん）

なるべく〔たい力〕を〔つかわない〕ように　して　生きる　どうぶつ。

67

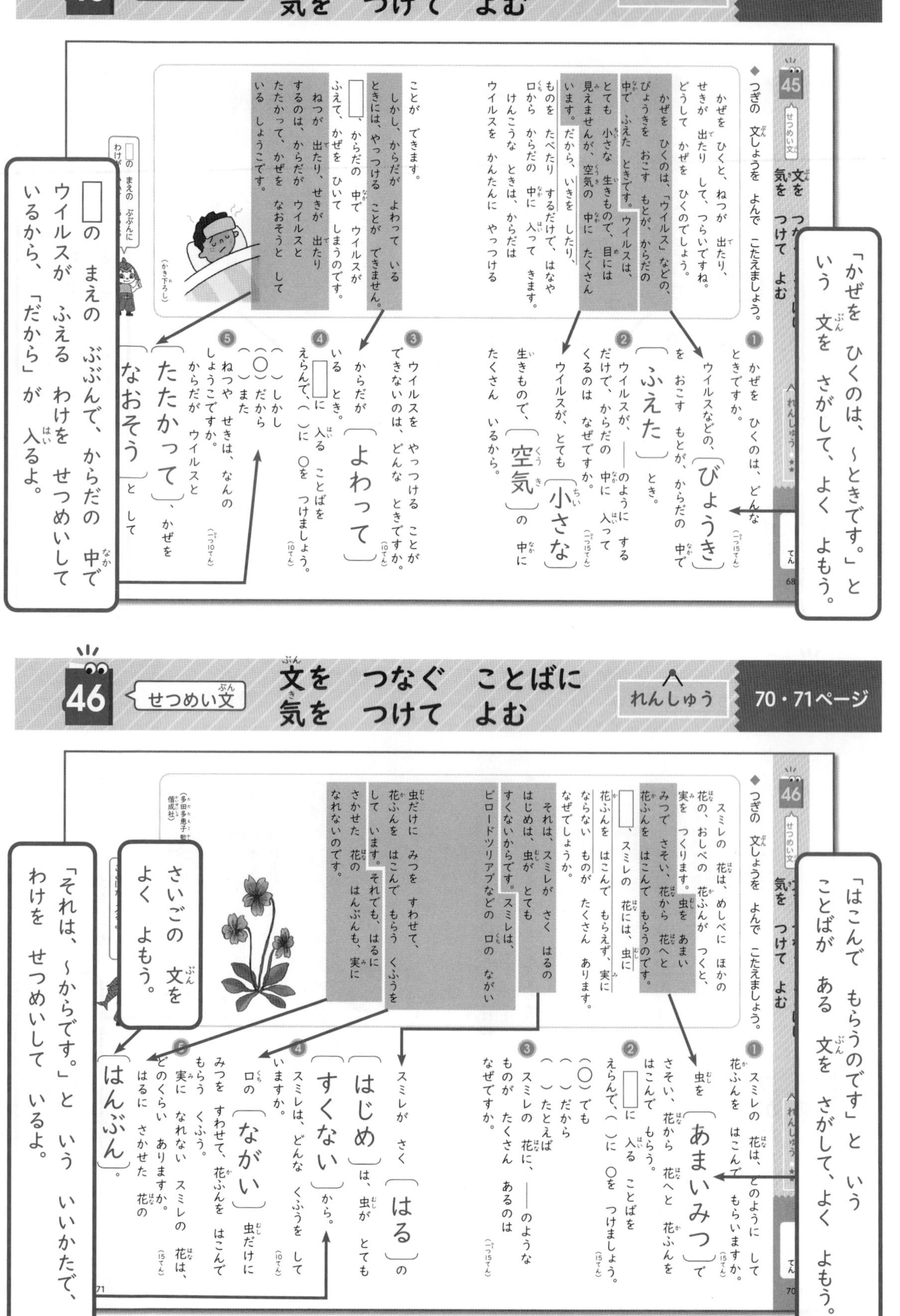

45 せつめい文 文を つなぐ ことばに 気を つけて よむ　れんしゅう　68・69ページ

◆つぎの 文しょうを よんで こたえましょう。

かぜを ひくと、ねつが 出たり、せきが 出たり して、つらいですね。どうして かぜを ひくのでしょう。

かぜを ひくのは、「ウイルス」などの、びょうきを おこす もとが、からだの 中で ふえた ときです。ウイルスは、とても 小さな 生きもので、目には 見えませんが、空気の 中に たくさん います。だから、いきを したり、ものを たべたり するだけで、はなや 口から からだの 中に 入って きます。

けんこうな ときは、からだは ウイルスを かんたんに やっつける ことが できます。

しかし、からだが よわって いる ときには、やっつける ことが できません。□、からだの 中で ウイルスが ふえて、かぜを ひいて しまうのです。

ねつが 出たり、せきが 出たり するのは、からだが ウイルスと たたかって、かぜを なおそうと して いる しょうこです。

（かき下ろし）

① かぜを ひくのは、どんな ときですか。（一つ15てん）
ウイルスなどの、〔びょうき〕を おこす もとが、からだの 中で 〔ふえた〕 とき。

② ウイルスが、とても ——のように する だけで、からだの 中に 入って くるのは なぜですか。（一つ15てん）
ウイルスが、とても 〔小さな〕 生きもので、〔空気〕の 中に たくさん いるから。

③ ウイルスを やっつける ことが できないのは、どんな ときですか。（10てん）
からだが 〔よわって〕 いる とき。

④ □に 入る ことばを えらんで、（ ）に ○を つけましょう。（10てん）
（ ）しかし
（○）だから
（ ）また

⑤ ねつや せきは、なんの しょうこですか。（一つ10てん）
からだが ウイルスと 〔たたかって〕、かぜを 〔なおそう〕 と して いる しょうこ。

「かぜを ひくのは、～ときです。」と いう 文を さがして、よく よもう。

□の まえの ぶぶんで、からだの 中で ウイルスが ふえる わけを せつめいして いるから、「だから」が 入るよ。

46 せつめい文 文を つなぐ ことばに 気を つけて よむ　れんしゅう　70・71ページ

◆つぎの 文しょうを よんで こたえましょう。

スミレの 花は、めしべに ほかの 花の、おしべの 花ふんが つくと、実を つくります。虫を あまい みつで さそい、花から 花へと 花ふんを はこんで もらうのです。

□、スミレの 花には、虫に 花ふんを はこんで もらえず、実に ならない ものが たくさん あります。なぜでしょうか。

それは、スミレが さく はるの はじめは、虫が とても すくないからです。スミレは、ビロードツリアブなどの 口の ながい 虫だけに みつを すわせて、花ふんを はこんで もらう くふうを して います。それでも、はるに さかせた 花の はんぶんも、実に なれないのです。

（多田多恵子 監 偕成社）

① スミレの 花は、どのように して 花ふんを はこんで もらいますか。（15てん）
虫を 〔あまい みつ〕で さそい、花から 花へと 花ふんを はこんで もらう。

② □に 入る ことばを えらんで、（ ）に ○を つけましょう。（15てん）
（○）でも
（ ）だから
（ ）たとえば

③ スミレの 花に、——のような ものが たくさん あるのは なぜですか。（一つ15てん）
スミレが さく 〔はる〕の 〔はじめ〕は、虫が とても 〔すくない〕から。

④ スミレは、どんな くふうを して いますか。（10てん）
口の 〔ながい〕 虫だけに みつを すわせて、花ふんを はこんで もらう くふう。

⑤ どのくらい 実に なれない スミレの 花は、はるに さかせた 花の 〔はんぶん〕。

「はこんで もらうのです」と いう ことばが ある 文を さがして、よく よもう。

さいごの 文を よく よもう。

「それは、～からです。」と いう いいかたで、わけを せつめいして いるよ。

47 せつめい文 文を つなぐ ことばに 気を つけて よむ おうよう 72・73ページ

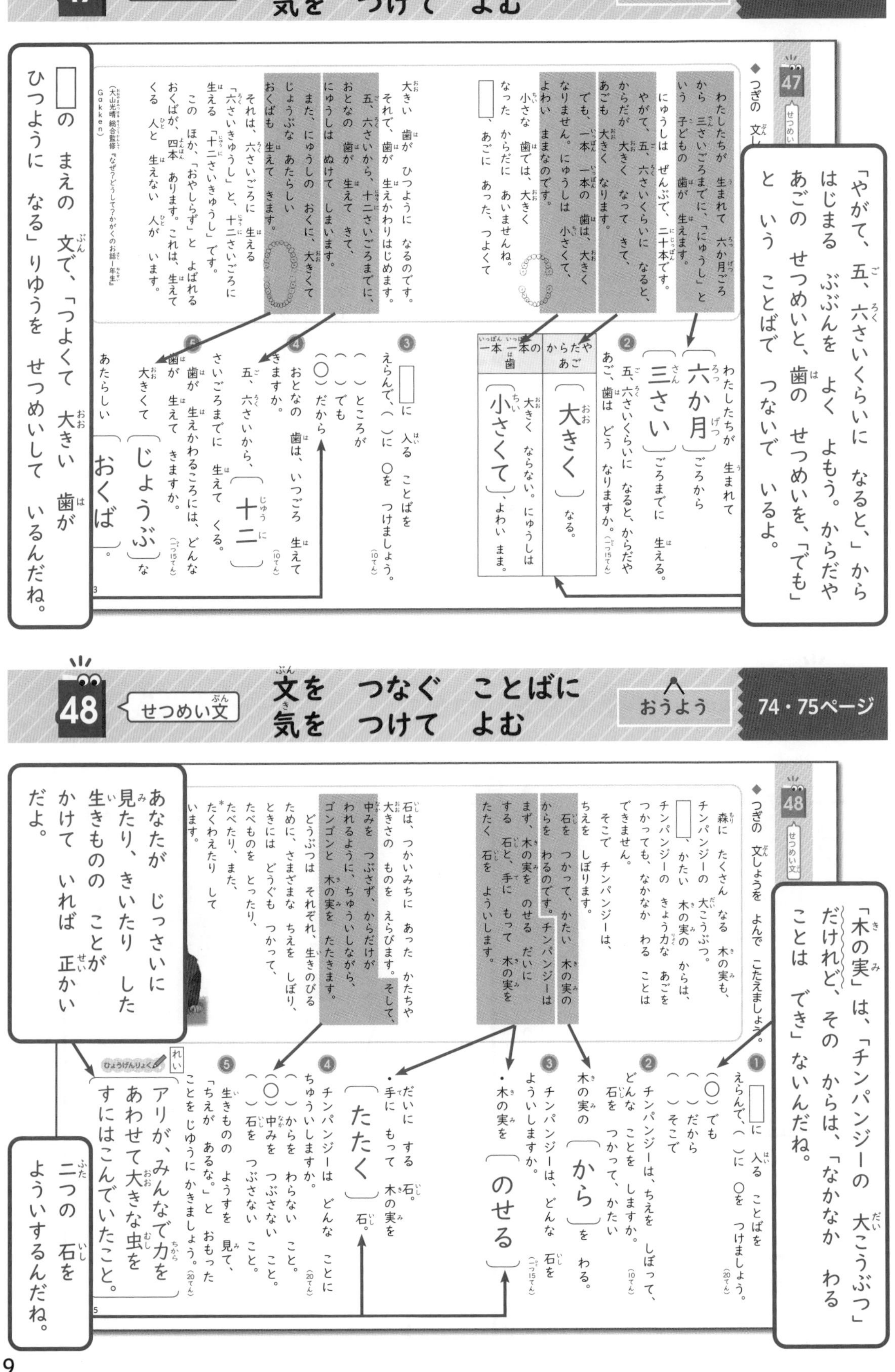

◆つぎの 文しょうを よんで こたえましょう。

わたしたちが 生まれて 六か月ごろから 三さいごろまでに、「にゅうし」と いう 子どもの 歯が 生えます。

にゅうしは ぜんぶで、二十本です。

やがて、五、六さいくらいに なると、からだが 大きく なって きて、あごも 大きく なります。

でも、一本 一本の 歯は、大きく なりません。にゅうしは 小さくて、よわい ままなのです。

小さな 歯では、大きく なった からだに あいませんね。□、あごに あった、つよくて 大きい 歯が ひつように なるのです。

それで、歯が 生えかわりはじめます。

五、六さいから、十二さいごろまでに、おとなの 歯が 生えて きて、にゅうしは ぬけて しまいます。

また、にゅうしの おくに、大きくて じょうぶな あたらしい おくばも 生えて きます。

それは、六さいごろに 生える 「六さいきゅうし」と、十二さいごろに 生える 「十二さいきゅうし」です。

この ほか、「おやしらず」と よばれる おくばが、四本 あります。これは、生えて くる 人と 生えない 人が います。

(大山光晴 総合監修『なぜ?どうして?かがくのお話1年生』Gakken)

1 わたしたちが 生まれて 〔六か月〕ごろから 〔三さい〕ごろまでに 生える。

2 五、六さいくらいに なると、からだや あご、歯は どう なりますか。(一つ15てん)

からだや あご	一本 一本の 歯
〔大きく〕なる。	大きく ならない。にゅうしは 〔小さくて〕、よわい まま。

3 □に 入る ことばを えらんで、( )に ○を つけましょう。(10てん)
( )ところが
( )でも
(○)だから

4 おとなの 歯は、いつごろ 生えて きますか。(10てん)
五、六さいから、〔十二〕さいごろまでに 生えて くる。

5 歯が 生えかわるころには、どんな 歯が 生えて きますか。(一つ15てん)
大きくて 〔じょうぶ〕な あたらしい 〔おくば〕。

「やがて、五、六さいくらいに なると、」から はじまる ぶぶんを よく よもう。からだや あごの せつめいと、歯の せつめいを、「でも」と いう ことばで つないで いるよ。

□の まえの 文で、「つよくて 大きい 歯が ひつように なる」りゆうを せつめいして いるんだね。

48 せつめい文 文を つなぐ ことばに 気を つけて よむ おうよう 74・75ページ

◆つぎの 文しょうを よんで こたえましょう。

森に たくさん なる 木の実も、チンパンジーの 大こうぶつ。

□、かたい 木の実の からは、チンパンジーの きょう力な あごを つかっても、なかなか わる ことは できません。

そこで チンパンジーは、ちえを しぼります。

石を つかって、かたい 木の実の からを わるのです。チンパンジーは まず、木の実を のせる だいに する 石と、手に もって 木の実を たたく 石を よういします。

石は、つかいみちに あった かたちや 大きさの ものを えらびます。そして、中みを つぶさず、からだけが われるように、ちゅういしながら、ゴンゴンと 木の実を たたきます。

どうぶつは それぞれ、生きのびる ために、さまざまな ちえを しぼり、ときには どうぐも つかって、たべものを とったり、たべたり、また、*たくわえたり して います。

1 □に 入る ことばを えらんで、( )に ○を つけましょう。(20てん)
(○)でも
( )だから
( )そこで

2 チンパンジーは、ちえを しぼって、どんな ことを しますか。(10てん)
石を つかって、かたい 木の実の 〔から〕を わる。

3 チンパンジーは、どんな 石を よういしますか。(一つ15てん)
・木の実を 〔のせる〕 だいに する 石。
・手に もって 木の実を 〔たたく〕 石。

4 チンパンジーは どんな ことに ちゅういしますか。(20てん)
( )からを わらない こと。
(○)中みを つぶさない こと。
( )石を つぶさない こと。

5 生きものの ようすを 見て、「ちえが あるな。」と おもった ことを じゆうに かきましょう。(20てん)

れい ひょうげんりょく
アリが、みんなで力を あわせて大きな虫を すにはこんでいたこと。

「木の実」は、「チンパンジーの 大こうぶつ」だけれど、その からは、「なかなか わる ことは できない」んだね。

二つの 石を よういするんだね。

あなたが じっさいに 見たり、きいたり した 生きものの ことが かけて いれば 正かいだよ。

ここまでに　よんだ　ものは
文しょうで、すきな　ものは
あるかな？
おなじ　人が　かいた　本や、
おなじ　ものを　せつめいして
いる　本などを　さがして
よんで　みると、たのしいよ！

49・50 ものがたり　気もちを　つかむ　きほん　76・77ページ

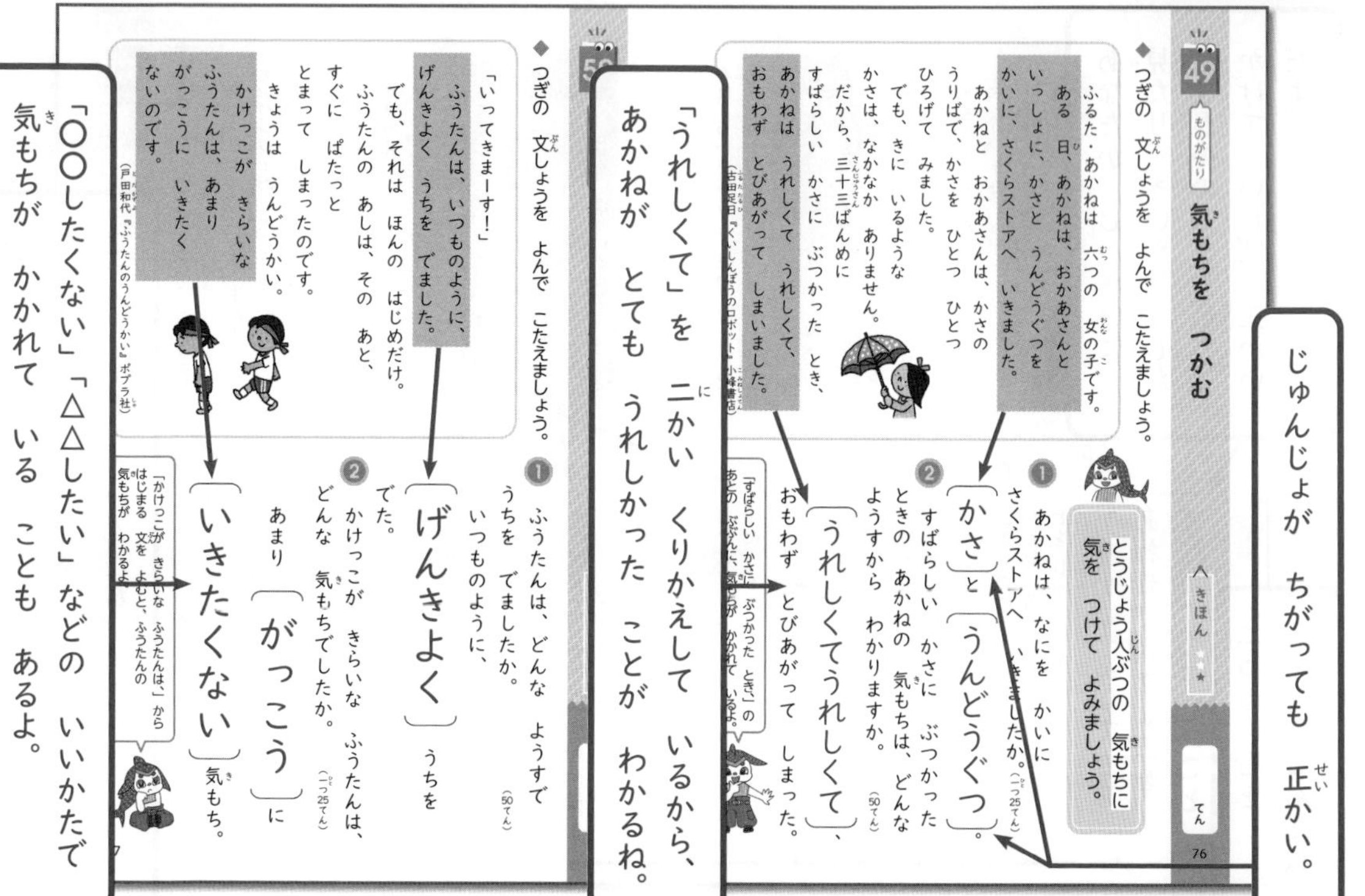

49 ものがたり　気もちを　つかむ　きほん

◆ つぎの　文しょうを　よんで　こたえましょう。

ふるた・あかねは　六つの　女の子です。
ある　日、あかねは、おかあさんと　いっしょに、かさと　うんどうぐつを　かいに、さくらストアへ　いきました。
あかねと　おかあさんは、かさの　うりばで、かさを　ひとつ　ひとつ　ひろげて　みました。
でも、きに　いるような　かさは、なかなか　ありません。
だから、三十三ばんめに　すばらしい　かさに　ぶつかった　とき、
あかねは　うれしくて　うれしくて、おもわず　とびあがって　しまいました。
（古田足日「ぐるんぱのロボット」小峰書店）

とうじょう人ぶつの　気もちに　気を　つけて　よみましょう。

1 あかねは、なにを　かいに　さくらストアへ　いきましたか。（一つ25てん）
〔かさ〕と〔うんどうぐつ〕。

2 すばらしい　かさに　ぶつかった　ときの　あかねの　気もちは、どんな　ようすから　わかりますか。（50てん）
〔うれしくてうれしくて〕、おもわず　とびあがって　しまった。

「すばらしい　かさに　ぶつかった　とき」の　あとの　ぶぶんに　気もちが　かかれて　いるよ。

50

◆ つぎの　文しょうを　よんで　こたえましょう。

「いってきまーす！」

ふうたんは、いつものように、げんきよく　うちを　でました。

でも、それは　ほんの　はじめだけ。

ふうたんの　あしは、その　あと、すぐに　ぱたっと　とまって　しまったのです。

きょうは　うんどうかい。

かけっこが　きらいな　ふうたんは、あまり　がっこうに　いきたく　ないのです。

（戸田和代「ふうたんのうんどうかい」ポプラ社）

1 ふうたんは、どんな　ようすで　うちを　でましたか。（50てん）
いつものように、〔げんきよく〕うちを　でた。

2 かけっこが　きらいな　ふうたんは、あまり　どんな　気もちでしたか。（一つ25てん）
〔がっこう〕に〔いきたくない〕気もち。

「かけっこが　きらいな　ふうたんは、」から　はじまる　文を　よむと、ふうたんの　気もちが　わかるよ。


じゅんじょが　ちがっても　正かい。

「うれしくて」を　二かい　くりかえして　いるから、あかねが　とても　うれしかった　ことが　わかるね。

「〇〇したくない」「△△したい」などの　いいかたで　気もちが　かかれて　いる　ことも　あるよ。

51・52 ものがたり 気もちを　つかむ　きほん　78・79ページ

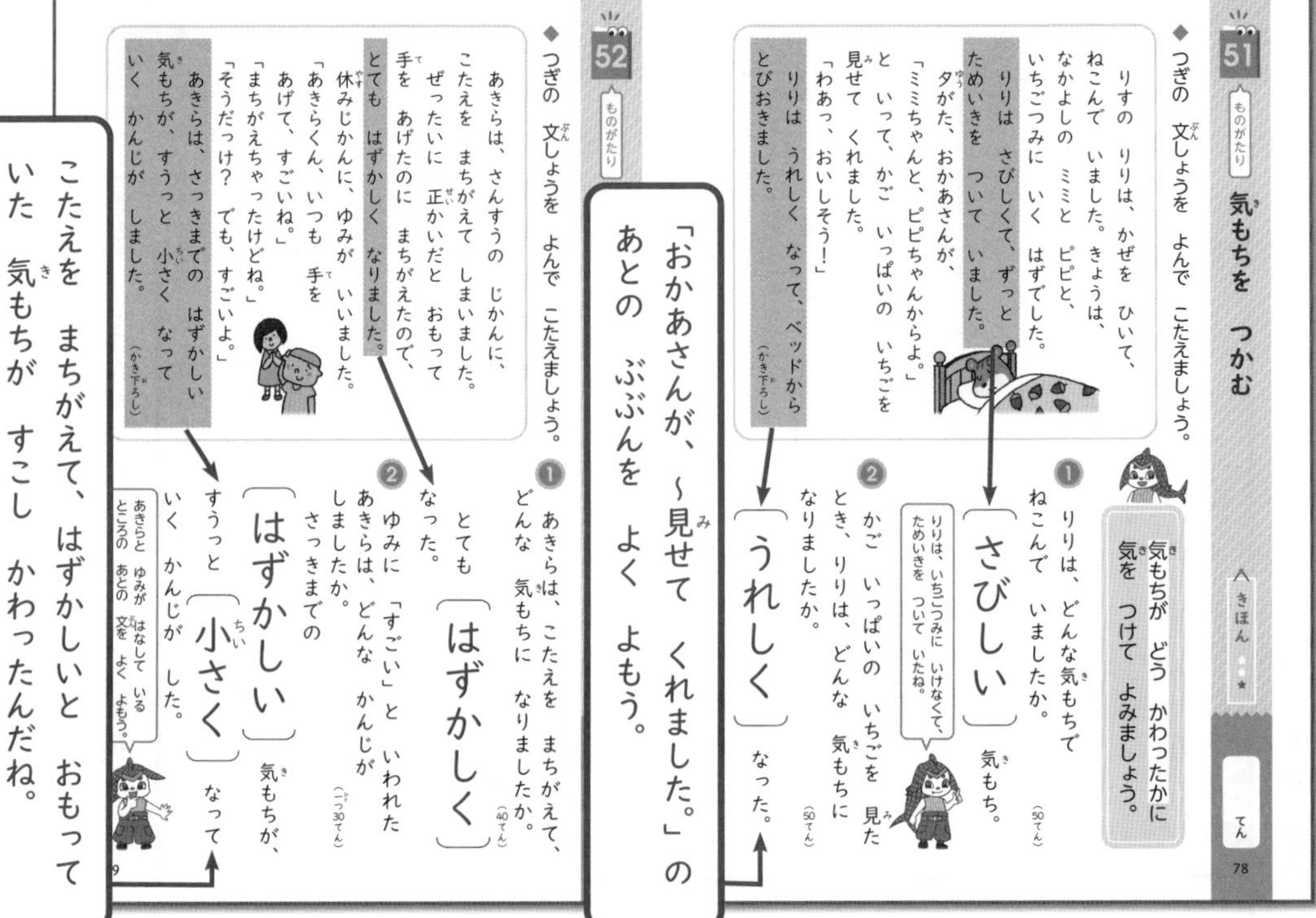

51 ものがたり 気もちを　つかむ　きほん

◆つぎの　文しょうを　よんで　こたえましょう。

りすの　りりは、かぜを　ひいて、ねこんで　いました。きょうは、なかよしの　ミミと　ピピと、いちごつみに　いく　はずでした。

りりは　さびしくて、ずっと　ためいきを　ついて　いました。

夕がた、おかあさんが、「ミミちゃんと、ピピちゃんからよ。」と　いって、かご　いっぱいの　いちごを　見せて　くれました。

「わあっ、おいしそう！」

りりは　うれしく　なって、ベッドから　とびおきました。

（かき下ろし）

気もちが　どう　かわったかに　気を　つけて　よみましょう。

❶ りりは、どんな気もちで　ねこんで　いましたか。（50てん）

〔さびしい〕気もち。

りりは、いちごつみに　いけなくて、ためいきを　ついて　いたね。

❷ かご　いっぱいの　いちごを　見た　とき、りりは、どんな　気もちに　なりましたか。（50てん）

〔うれしく〕なった。

「おかあさんが、～見せて　くれました。」の　あとの　ぶぶんを　よく　よもう。

52 ものがたり

◆つぎの　文しょうを　よんで　こたえましょう。

あきらは、さんすうの　じかんに、こたえを　まちがえて　しまいました。

ぜったいに　正かいだと　おもって　手を　あげたのに　まちがえたので、とても　はずかしく　なりました。

休みじかんに、ゆみが　いいました。

「あきらくん、いつも　手を　あげて、すごいね。」

「まちがえちゃったけどね。」

「そうだっけ？　でも、すごいよ。」

あきらは、さっきまでの　はずかしい　気もちが、すうっと　小さく　なって　いく　かんじが　しました。

（かき下ろし）

❶ あきらは、こたえを　まちがえて、どんな　気もちに　なりましたか。（40てん）

とても〔はずかしく〕なった。

❷ ゆみに　「すごい」と　いわれた　あきらは、どんな　かんじが　しましたか。（一つ30てん）

さっきまでの〔はずかしい〕気もちが、すうっと〔小さく〕なって　いく　かんじが　した。

あきらと　ゆみが　はなして　いる　ところの　あとの　文を　よく　よもう。

こたえを　まちがえて、はずかしいと　おもって　いた　気もちが　すこし　かわったんだね。

53 ものがたり 気もちを　つかむ　れんしゅう　80・81ページ

53 ものがたり 気もちを　つかむ　れんしゅう

◆つぎの　文しょうを　よんで　こたえましょう。

ある　ひ、さんびきの　ねずみの　きょうだいの　ところへ、おばあちゃんから　てがみが　とどきました。

それには、こんな　ことが　かいて　ありました。

あたらしい　けいとで、おまえたちの　チョッキを　あんで　います。けいとの　いろは、あおと　あかです。もう　すぐ　あみあがります。たのしみに　まって　いて　ください。

「さあ、さんびきは　おおよろこび。

「ぼくのは、あおだよ。」

にいさんねずみが　いいました。

「わたしのは、あかよ。」

ねえさんねずみが　いいました。

「ぼくのは、あおと　あか。」

おとうとねずみが　いいました。

「チロのは、ないよ。」

にいさんねずみが　いいました。

チロと　いうのは、おとうとねずみの　なまえです。

「そうよ。あおいのと　あかいのだけよ。」

ねえさんねずみが　いいました。

「そんな　こと　ないよ。ぼくのも　あるよ。」

チロは、あわてて　いいかえしましたが、ほんとうは、とても　しんぱいでした。

もしかすると　おばあちゃんは、いちばん　ちいさい　チロの　ことを、わすれて　しまったのかも　しれません。

（森山 京「しましま…）

❶ ねずみの　きょうだいの　ところへ、だれから　なにが　とどきましたか。（一つ15てん）

〔おばあちゃん〕から〔てがみ〕が　とどいた。

「とどきました」と　いう　ことばが　ある　文を　よく　よもう。

❷ てがみには、おばあちゃんが　なにを　して　いると　かいて　ありましたか。（10てん）

ねずみの　きょうだいの〔チョッキ〕を　あんで　いる。

てがみの　中の　「おまえたち」とは、さんびきの　ねずみの　きょうだいの　ことだね。

〔おおよろこび〕した。

❹ チロは、じぶんの　チョッキは、なにいろだと　いいましたか。（15てん）

「ぼくのは、〔あおと　あか〕。」

おばあちゃんの　てがみの　文しょうの　あとを　よむと、さんびきの　気もちが　わかるよ。

❺ チロは、どんな　ことが　しんぱいに　なりましたか。（一つ15てん）

もしかすると〔おばあちゃん〕は、いちばん　ちいさい　チロの　ことを、〔わすれて〕しまったのかも

「～が　いいました。」と　いう　文に　気を　つけて、いった　ことばを　よく　よもう。「チロ」は、おとうとねずみの　名まえだね。

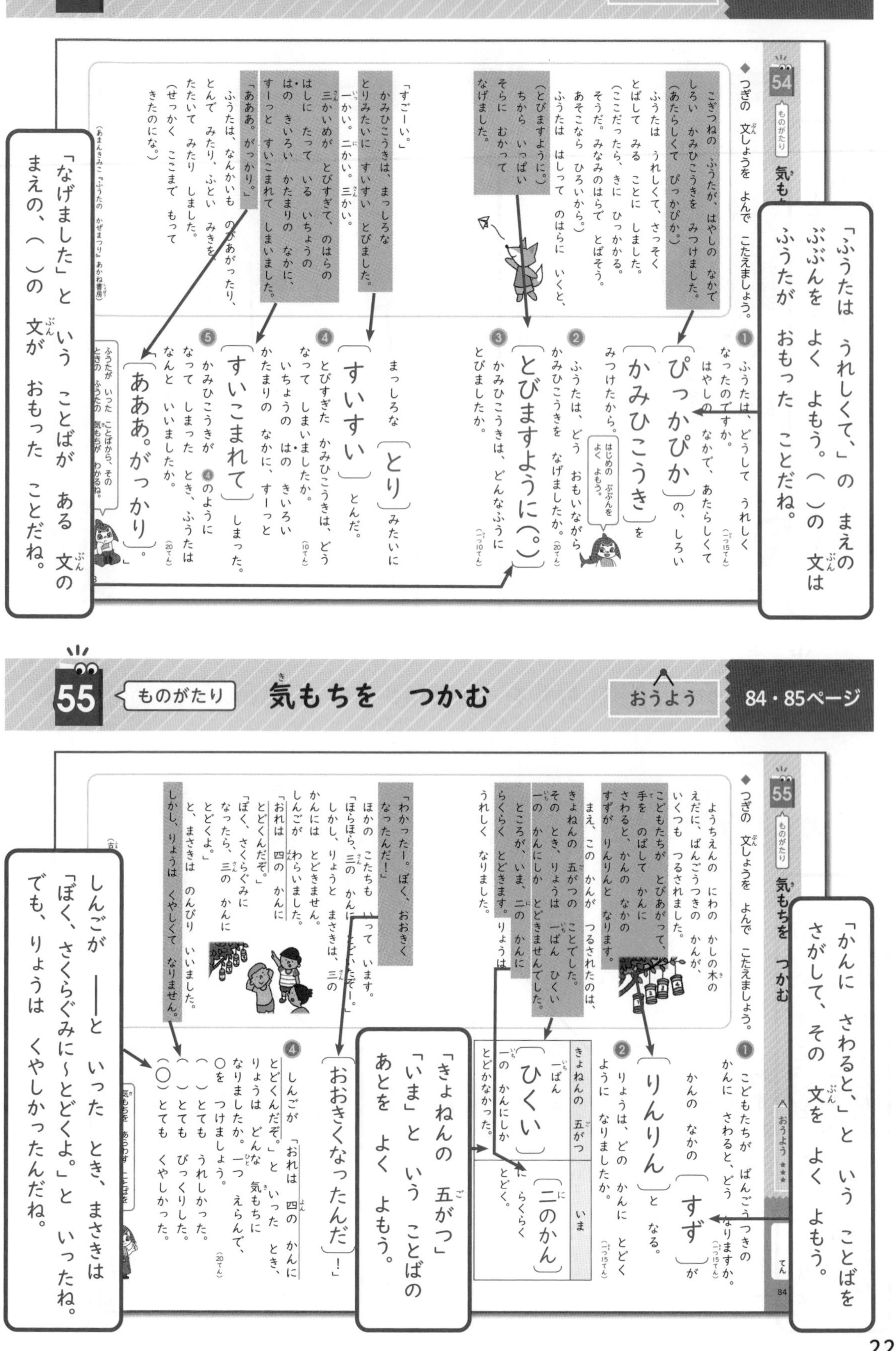

54 ものがたり 気もちを つかむ れんしゅう 82・83ページ

◆つぎの 文しょうを よんで こたえましょう。

こぎつねの ふうたが、はやしの なかで しろい かみひこうきを みつけました。

（あたらしくて ぴっかぴか。）

ふうたは うれしくて、さっそく とばして みる ことに しました。

（ここだったら、きに ひっかかる。そうだ。みなみのはらで とばそう。あそこなら ひろいから。）

ふうたは はしって のはらに いくと、

（とびますように。）

ちから いっぱい そらに むかって なげました。

「すごーい。」

かみひこうきは、まっしろな とりみたいに すいすい とびました。

一かい。二かい。三かい。

三かいめが とびすぎて、のはらの はしに たって いる いちょうの はの きいろい かたまりの なかに、すーっと すいこまれて しまいました。

「あああ。がっかり。」

ふうたは、なんかいも のびあがったり、とんで みたり、ふとい みきを たたいて みたり しました。

（せっかく ここまで もって きたのに な。）


（あまんきみこ『ふうたの かぜまつり』あかね書房）

1 ふうたは、どうして うれしく なったのですか。（一つ15てん）
はやしの なかで、あたらしくて 〔ぴっかぴか〕の、しろい 〔かみひこうき〕を みつけたから。

2 ふうたは、どう おもいながら かみひこうきを なげましたか。（20てん）
はじめの ぶぶんを よく よもう。
〔とびますように（。）〕

3 かみひこうきは、どんなふうに とびましたか。（一つ10てん）
まっしろな 〔とり〕みたいに 〔すいすい〕 とんだ。

4 とびすぎた かみひこうきは、どう なって しまいましたか。（10てん）
いちょうの はの きいろい かたまりの なかに、すーっと 〔すいこまれて〕 しまった。

5 かみひこうきが 4のように なって しまった とき、ふうたは なんと いいましたか。（20てん）
「〔あああ。がっかり〕。」
ふうたが いった ことばから、その ときの ふうたの 気もちが わかるね。

「ふうたは うれしくて、」の まえの ぶぶんを よく よもう。（ ）の 文は ふうたが おもった ことだね。

「なげました」と いう ことばが ある 文の まえの、（ ）の 文が おもった ことだね。

55 ものがたり 気もちを つかむ おうよう 84・85ページ

◆つぎの 文しょうを よんで こたえましょう。

ようちえんの にわの かしの木の えだに、ばんごうつきの かんが、いくつも つるされました。

こどもたちが とびあがって、手を のばして かんに さわると、かんの なかの すずが りんりんと なります。

まえ、この かんが つるされたのは、きょねんの 五がつの ことでした。

その とき、りょうは 一ばん ひくい 一の かんにしか とどきませんでした。

ところが、いま、二の かんに らくらく とどきます。りょうは うれしく なりました。

「わかったー。ぼく、おおきく なったんだ！」

ほかの こたちも いって います。

「ほらほら、三の かんに とどいたぞー！」

しかし、りょうと まさきは、三の かんには とどきません。

しんごが わらいました。

「おれは 四の かんに とどくんだぞ。」

「ぼく、さくらぐみに なったら、三の かんに とどくよ。」

と、まさきは のんびり いいました。

しかし、りょうは くやしくて なりません。

1 こどもたちが ばんごうつきの かんに さわると、どう なりますか。（一つ15てん）
かんの なかの 〔すず〕が 〔りんりん〕と なる。

2 りょうは、どの かんに とどく ように なりましたか。（一つ15てん）

きょねんの 五がつ	いま
一ばん 〔ひくい〕 一の かんにしか とどかなかった。	〔二のかん〕に らくらく とどく。

「〔おおきくなったんだ〕！」

4 しんごが 「おれは 四の かんに とどくんだぞ。」と いった とき、りょうは どんな 気もちに なりましたか。一つ えらんで、○を つけましょう。（20てん）
（ ）とても うれしかった。

（ ）とても びっくりした。

（○）とても くやしかった。


「かんに さわると、」と いう ことばを さがして、その 文を よく よもう。

「きょねんの 五がつ」「いま」と いう ことばの あとを よく よもう。

しんごが ――と いった とき、まさきは 「ぼく、さくらぐみに～とどくよ。」と いったね。でも、りょうは くやしかったんだね。

「やまの　こぎつねが、〜みて　いました。」の　あとの　文(ぶん)を　よく　よもう。

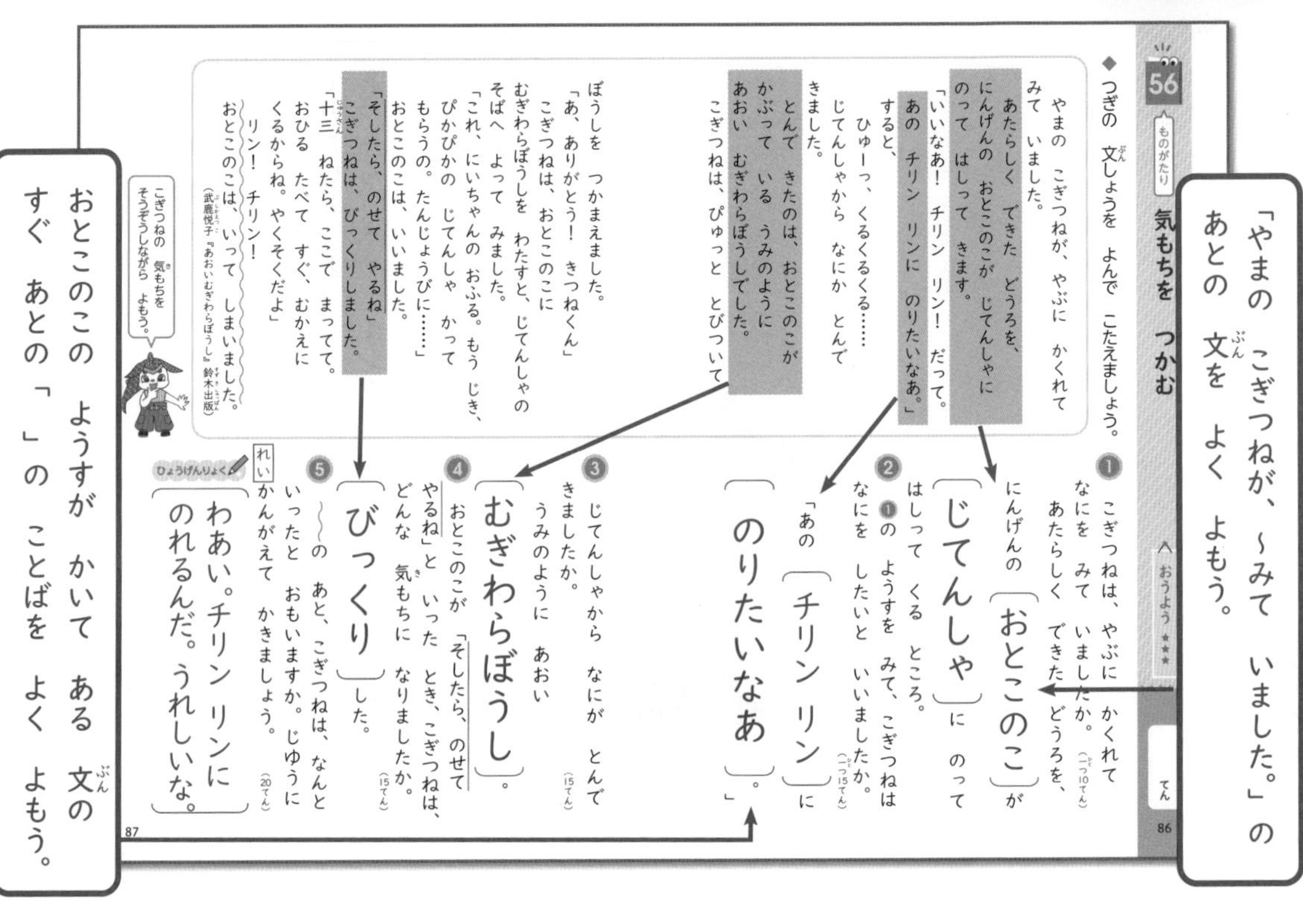
56 ものがたり 気もちを　つかむ　おうよう ★★★　てん

◆つぎの　文(ぶん)しょうを　よんで　こたえましょう。

やまの　こぎつねが、やぶに　かくれて　みて　いました。

あたらしく　できた　どうろを、にんげんの　おとこのこが　じてんしゃに　のって　はしって　きます。

「いいなあ！　チリン　リン！　だって。あの　チリン　リンに　のりたいなあ。」

すると、

ひゅーっ、くるくるくる……

じてんしゃから　なにか　とんで　きました。

とんで　きたのは、おとこのこが　かぶって　いる　うみのように　あおい　むぎわらぼうしでした。

こぎつねは、ぴゅっと　とびついて　ぼうしを　つかまえました。

「あ、ありがとう！　きつねくん」

こぎつねは、おとこのこに　むぎわらぼうしを　わたすと、じてんしゃの　そばへ　よって　みました。

「これ、にいちゃんの　おふる。もう　じき、ぴかぴかの　じてんしゃ　かって　もらうの。たんじょうびに……」

おとこのこは、いいました。

「そしたら、のせて　やるね」

こぎつねは、びっくりしました。

「十三(じゅうさん)　ねたら、ここで　まってて。おひる　たべて　すぐ、むかえに　くるからね。やくそくだよ」

リン！　チリン！

おとこのこは、いって　しまいました。

（武鹿悦子『あおい　むぎわらぼうし』鈴木出版）

① こぎつねは、やぶに　かくれて　なにを　みて　いましたか。（一つ10てん）
あたらしく　できた　どうろを、にんげんの〔おとこのこ〕が〔じてんしゃ〕に　のって　はしって　くる　ところ。

② ①の　ようすを　みて、こぎつねは　なにを　したいと　いいましたか。（一つ15てん）
「あの〔チリン　リン〕に〔のりたいなあ〕。」

③ じてんしゃから　なにが　とんで　きましたか。（15てん）
うみのように　あおい〔むぎわらぼうし〕。

④ おとこのこが「そしたら、のせて　やるね」と　いった　とき、こぎつねは、どんな　気もちに　なりましたか。（15てん）
〔びっくり〕した。

⑤ 〜の　あと、こぎつねは、なんと　いったと　おもいますか。じゆうに　かんがえて　かきましょう。（20てん）
ひょうげんりょく
れい〔わあい。チリン　リンに　のれるんだ。うれしいな。〕

86　87

おとこのこの　ようすが　かいて　ある　文(ぶん)の　すぐ　あとの「　」の　ことばを　よく　よもう。

2

こぎつねの「　」の　ことばの「チリン　リン」は、にんげんの　おとこのこの　じてんしゃの　ことだね。こぎつねは、じてんしゃに　のりたいと　おもって　いるんだね。

5

こぎつねは、おとこのこの　たんじょうびに、じてんしゃに　のせて　もらう　やくそくを　したね。こぎつねの　気(き)もちを　そうぞうして、なんと　いったかを　かんがえて　かけて　いれば　正(せい)かいだよ。

れい
- やったあ！　チリン　リンに　のるのが　たのしみだな。
- チリン　リンに　のって、おとこのこと　いっしょに　たくさん　あそびたいな。

せつめい文を　よんで、もっと
しりたいと　おもう　ことが
あったら、本や　インターネットを
つかって　しらべてみよう！
しらべた　ことを　文しょうに
まとめて　みても　いいね！

57・58 せつめい文　くらべて　よむ

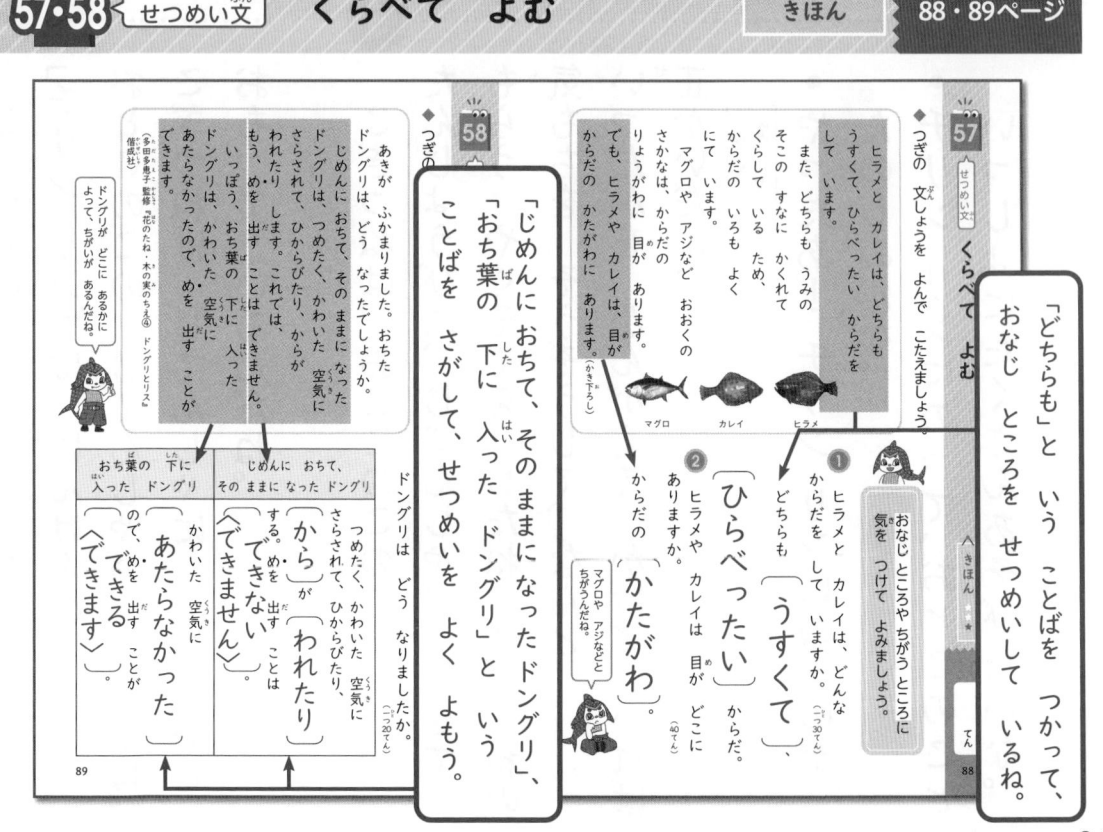

きほん　88・89ページ

57 せつめい文　くらべて　よむ

◆つぎの　文しょうを　よんで　こたえましょう。

ヒラメと　カレイは、どちらも　うすくて、ひらべったい　からだを　して　います。

また、どちらも　うみの　そこの　すなに　かくれて　くらして　いる　ため、からだの　いろも　よく　にて　います。

マグロや　アジなど　おおくの　さかなは、からだの　りょうがわに　目が　あります。

でも、ヒラメや　カレイは、目が　からだの　かたがわに　あります。（かき下ろし）

マグロ　カレイ　ヒラメ

おなじ　ところや　ちがう　ところに　気を　つけて　よみましょう。

❶ ヒラメと　カレイは、どんな　からだを　して　いますか。（一つ30てん）

どちらも〔うすくて〕、〔ひらべったい〕からだ。

❷ ヒラメや　カレイは　目が　どこに　ありますか。（40てん）

からだの〔かたがわ〕。

マグロや　アジなどと　ちがうんだね。

「どちらも」と　いう　ことばを　つかって、おなじ　ところを　せつめいして　いるね。

58

◆つぎの（文しょうを　よんで　こたえましょう。）

あきが　ふかまりました。おちた　ドングリは、どう　なったでしょうか。

じめんに　おちて、その　ままに　なった　ドングリは、つめたく、かわいた　空気に　さらされて、ひからびたり、からが　われたり　します。これでは、もう、めを　出す　ことは　できません。

いっぽう、おち葉の　下に　入った　ドングリは、かわいた　空気に　あたらなかったので、めを　出す　ことが　できます。

（多田多恵子　監修『花のたね・木の実のちえ④　ドングリとリス』偕成社）

ドングリが　どこに　あるかに　よって、ちがいが　あるんだね。

ドングリは　どう　なりましたか。（一つ20てん）

じめんに　おちて、その　ままに　なった　ドングリ	おち葉の　下に　入った　ドングリ
つめたく、かわいた　空気に　さらされて、ひからびたり、〔から〕が〔われたり〕する。めを　出す　ことは〔できない〕〈できません〉。	かわいた　空気に〔あたらなかった〕ので、めを　出す　ことが〔できる〕〈できます〉。

「じめんに　おちて、その　ままに　なった　ドングリ」、「おち葉の　下に　入った　ドングリ」と　いう　ことばを　さがして、せつめいを　よく　よもう。

88　89

59・60 せつめい文　くらべて　よむ　きほん　90・91ページ

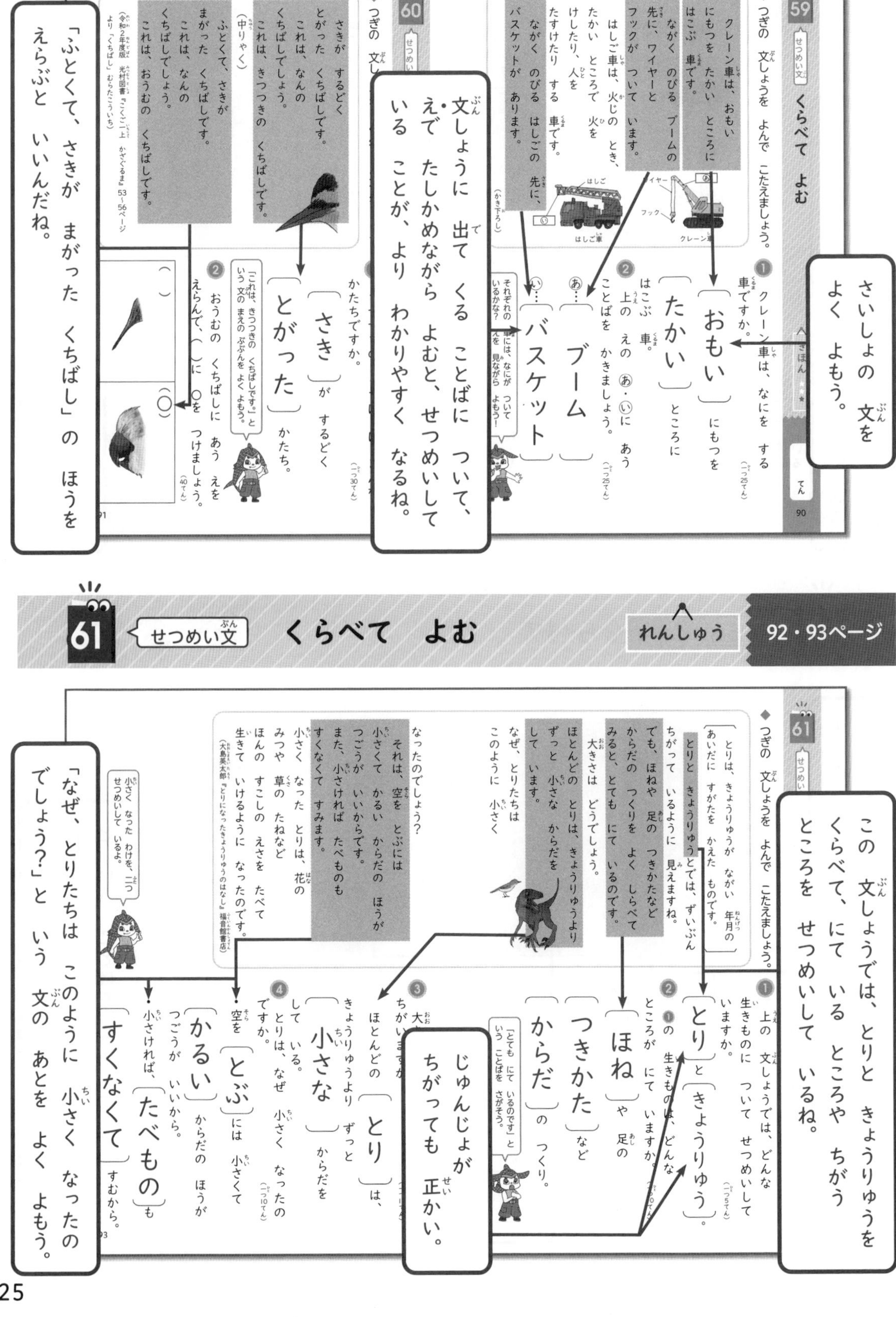

さいしょの　文を　よく　よもう。
文しょうに　出て　くる　ことばに　ついて、えで　たしかめながら　よむと、せつめいして　いる　ことが、より　わかりやすく　なるね。
「ふとくて、さきが　まがった　くちばし」の　ほうを　えらぶと　いいんだね。

61 せつめい文　くらべて　よむ　れんしゅう　92・93ページ

この　文しょうでは、とりと　きょうりゅうを　くらべて、にて　いる　ところや　ちがう　ところを　せつめいして　いるね。
じゅんじょが　ちがっても　正かい。
「なぜ、とりたちは　このように　小さく　なったのでしょう？」と　いう　文の　あとを　よく　よもう。

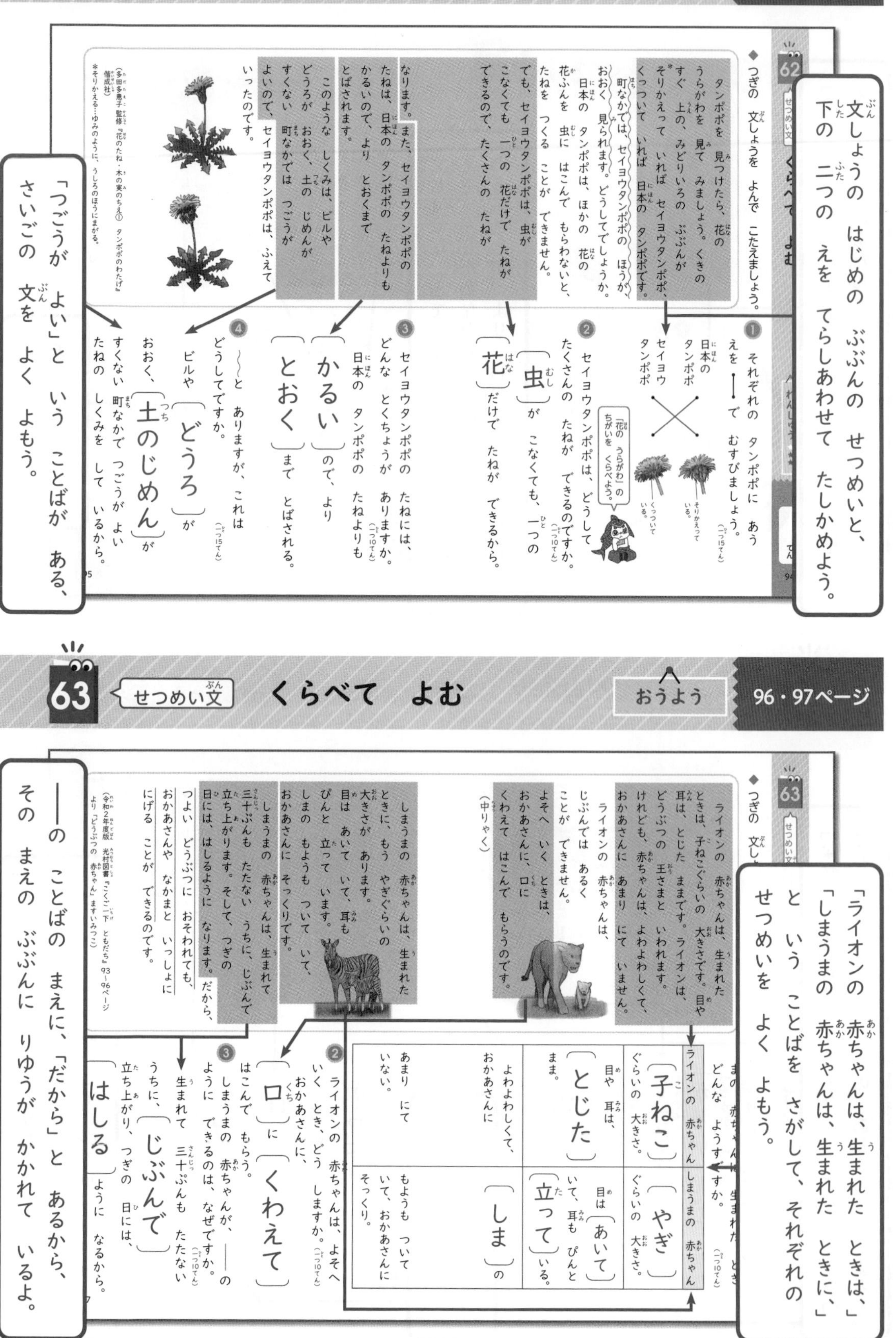

62 せつめい文 くらべて よむ れんしゅう 94・95ページ

文しょうの はじめの ぶぶんの せつめいと、下の 二つの えを てらしあわせて たしかめよう。

◆ つぎの 文しょうを よんで こたえましょう。

タンポポを 見つけたら、花の うらがわを 見て みましょう。くきの すぐ 上の、みどりいろの ぶぶんが そりかえって いれば セイヨウタンポポ、くっついて いれば 日本の タンポポです。

町なかでは、セイヨウタンポポの ほうが おおく 見られます。どうしてでしょうか。

日本の タンポポは、ほかの 花の 花ふんを 虫に はこんで もらわないと、たねを つくる ことが できません。

でも、セイヨウタンポポは、虫が こなくても 一つの 花だけで たねが できるので、たくさんの たねが なります。また、セイヨウタンポポの たねは、日本の タンポポの たねよりも かるいので、より とおくまで とばされます。

このような しくみは、ビルや どうろが おおく、土の じめんが すくない 町なかでは つごうが よいので、セイヨウタンポポは、ふえて いったのです。

（多田多恵子 監修『花のたね・木の実のちえ① タンポポのわたげ』偕成社）
＊そりかえる…ゆみのように、うしろのほうにまがる。

1 それぞれの タンポポに あう えを ━ で むすびましょう。（一つ15てん）
日本の タンポポ
セイヨウ タンポポ
そりかえって いる。
くっついて いる。
「花の うらがわ」の ちがいを くらべよう。

2 セイヨウタンポポは、どうして たくさんの たねが できるのですか。（一つ10てん）
〔虫〕が こなくても、一つの 〔花〕だけで たねが できるから。

3 セイヨウタンポポの たねには、どんな とくちょうが ありますか。（一つ10てん）
日本の タンポポの たねよりも 〔かるい〕ので、より 〔とおく〕まで とばされる。

4 〜〜と ありますが、これは どうしてですか。（一つ15てん）
ビルや 〔どうろ〕が おおく、〔土のじめん〕が すくない 町なかで つごうが よい たねの しくみを して いるから。

「つごうが よい」と いう ことばが ある、さいごの 文を よく よもう。

63 せつめい文 くらべて よむ おうよう 96・97ページ

「ライオンの 赤ちゃんは、生まれた ときは、」「しまうまの 赤ちゃんは、生まれた ときに、」と いう ことばを さがして、それぞれの せつめいを よく よもう。

◆ つぎの 文しょうを よんで こたえましょう。

ライオンの 赤ちゃんは、生まれた ときは、子ねこぐらいの 大きさです。目や 耳は、とじた ままです。ライオンは、どうぶつの 王さまと いわれます。けれども、赤ちゃんは、よわよわしくて、おかあさんに あまり にて いません。

ライオンの 赤ちゃんは、じぶんでは あるく ことが できません。よそへ いく ときは、おかあさんに、口に くわえて はこんで もらうのです。

（中りゃく）

しまうまの 赤ちゃんは、生まれた ときに、もう やぎぐらいの 大きさが あります。目は あいて いて、耳も ぴんと 立って います。しまの もようも ついて いて、おかあさんに そっくりです。

しまうまの 赤ちゃんは、生まれて 三十ぷんも たたない うちに、じぶんで 立ち上がります。そして、つぎの 日には、はしるように なります。だから、つよい どうぶつに おそわれても、おかあさんや なかまと いっしょに にげる ことが できるのです。

（令和2年度版 光村図書「こくご一下 ともだち」93〜96ページより「どうぶつの 赤ちゃん」ますいみつこ）

1 …生まれた とき… どんな ようすですか。（一つ10てん）

ライオンの 赤ちゃん	しまうまの 赤ちゃん
〔子ねこ〕ぐらいの 大きさ。	〔やぎ〕ぐらいの 大きさ。
目や 耳は、〔とじた〕まま。	目は 〔あいて〕いて、耳も ぴんと 〔立って〕いる。
よわよわしくて、おかあさんに あまり にて いない。	〔しま〕の もようも ついて いて、おかあさんに そっくり。

2 ライオンの 赤ちゃんは、よそへ いく とき、どう しますか。（一つ10てん）
おかあさんに、〔口〕に 〔くわえて〕 はこんで もらう。

3 しまうまの 赤ちゃんが、━━の ように できるのは、なぜですか。（一つ10てん）
生まれて 三十ぷんも たたない うちに、〔じぶんで〕 立ち上がり、つぎの 日には、〔はしる〕ように なるから。

━━の ことばの まえに、「だから」と あるから、その まえの ぶぶんに りゆうが かかれて いるよ。

64 せつめい文 くらべて よむ おうよう ★★★ てん

◆つぎの 文しょうを よんで こたえましょう。

イカと タコの 足は にて いますが、くらべると ちがいが わかります。

どちらも、きまった 一つい*1を のばして えものを つかまえますが、イカの その 一ついは「しょくわん」と よばれ、ふだんは、ほかの 八本の 足の あいだに かくして います。

また、ほとんどの イカは 足で あるきません。

いっぽう タコは、えものを とらえる 一ついが、いつも 出ていて、かいていの ようすを さぐったり、石を ひきよせたり、手のように はたらきます。そして、ほかの 六本の 足で かいていを あるきます。

きゅうばん*2の しくみも ちがいます。

イカの きゅうばんには、かたくて ぎざぎざした わっかが あり、それを ひっかけて くっつきますが、タコの きゅうばんは、中の 空気を ぬく ことで すいつきます。

（増井光子 監修『どうぶつのからだ⑤ どうぶつの手と足』偕成社）

*1 一つい…二つで 一くみに なって いる もの。
*2 きゅうばん…ほかの ものに すいつく はたらきを する ところ。

イカと タコについて、くらべながら よもう！

1 イカと タコは、足を どのように つかって えものを つかまえますか。（10てん）
どちらも、きまった 一ついを 〔のばして〕 つかまえる。

2 えものを つかまえる ための 足は、それぞれ どうなって いますか。（一つ10てん）
・イカ…ふだんは、ほかの 八本の 足の 〔あいだ〕に 〔かくして〕 いる。
・タコ…いつも 〔出て〕 いる。

3 タコは、えものを とらえる 足で どんな ことを しますか。（一つ10てん）
〔かいてい〕の ようすを さぐったり、石を 〔ひきよせ〕たり する。

4 イカの きゅうばんには、なにが ありますか。（一つ10てん）
かたくて 〔ぎざぎざ〕 した 〔わっか〕が ある。

5 イカと タコに ついて、あなたが ほかに しりたい ことは どんな ことですか。（20てん）
ひょうげんりょく
れい 〔イカとタコは、どうしてすみをはくのかということ。〕

98　99

2 「イカの その 一つい」とは、えものを つかまえる ための 足の ことだね。イカと タコを くらべて、その ちがいを よみとろう。

5 あなたが、イカと タコに ついて しりたい こと、ふしぎだなと おもう ことが かけて いれば 正かいだよ。

れい
- イカとタコは、なにをたべているのか。
- イカとタコは、どうやっておよぐのか。

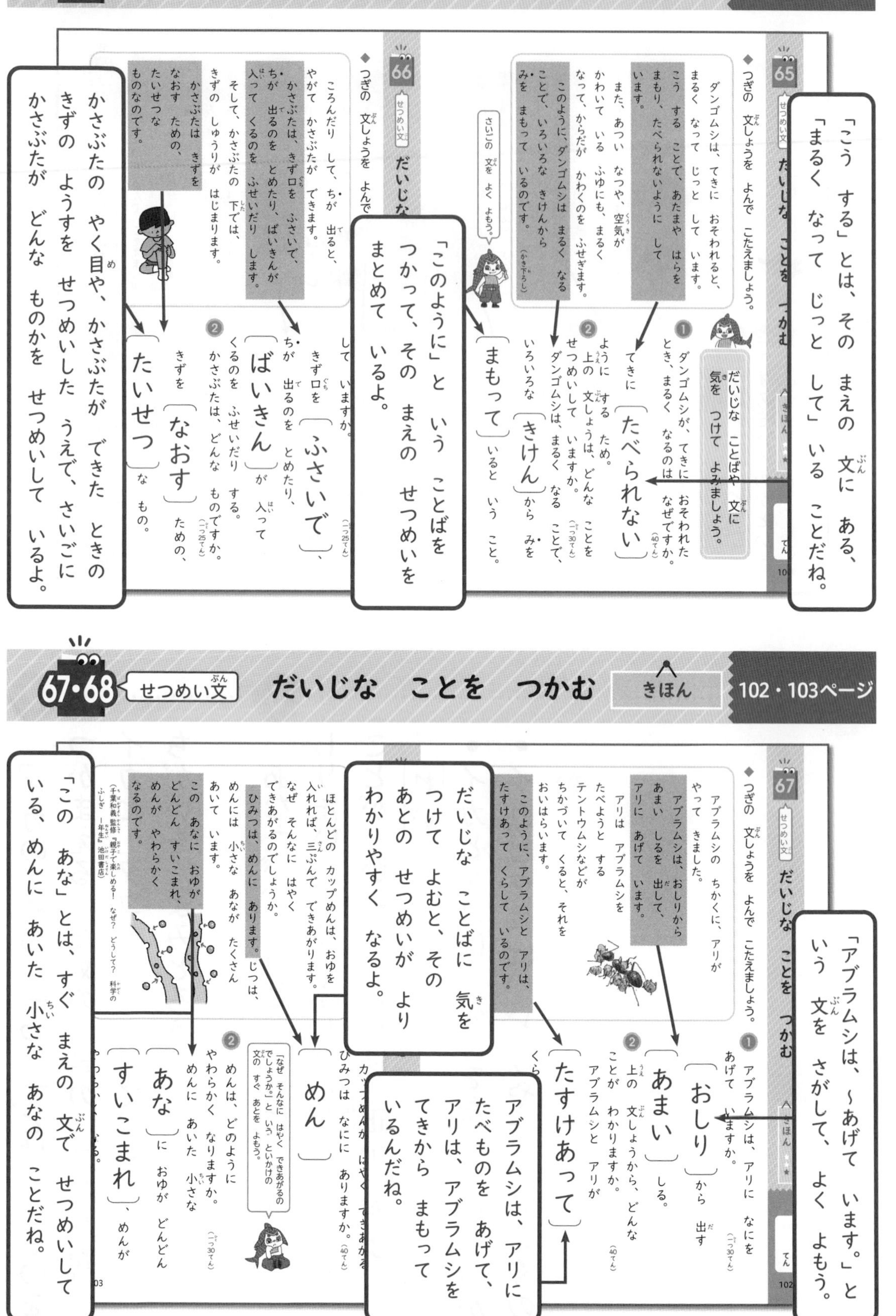

65・66 せつめい文　だいじな　ことを　つかむ　きほん　100・101ページ

65 せつめい文　だいじな　ことを　つかむ

◆つぎの　文しょうを　よんで　こたえましょう。

ダンゴムシは、てきに　おそわれると、まるく　なって　じっと　して　います。こう　する　ことで、あたまや　はらを　まもり、たべられないように　して　います。

また、あつい　なつや、空気が　かわいて　いる　ふゆにも、まるく　なって、からだが　かわくのを　ふせぎます。

このように、ダンゴムシは　まるく　なる　ことで、いろいろな　きけんから　みを　まもって　いるのです。（かきおろし）

さいごの　文を　よく　よもう。

だいじな　ことばや　文に　気を　つけて　よみましょう。

❶ ダンゴムシが、てきに　おそわれた　とき、まるく　なるのは　なぜですか。（40てん）

てきに〔たべられない〕ように　する　ため。

❷ 上の　文しょうは、どんな　ことを　せつめいして　いますか。（一つ30てん）

ダンゴムシは、まるく　なる　ことで、いろいろな〔きけん〕から　みを〔まもって〕いると　いう　こと。

「こう　する」とは、その　まえの　文に　ある、「まるく　なって　じっと　して」いる　ことだね。

「このように」と　いう　ことばを　つかって、その　まえの　せつめいを　まとめて　いるよ。

66 せつめい文　だいじな

◆つぎの　文しょうを　よんで

ころんだり　して、ちが　出ると、やがて　かさぶたが　できます。

かさぶたは、きず口を　ふさいで、ちが　出るのを　とめたり、ばいきんが　入って　くるのを　ふせいだり　します。

そして、かさぶたの　下では、きずの　しゅうりが　はじまります。

かさぶたは　きずを　なおす　ための、たいせつな　ものなのです。

❶ ……して　いますか。（一つ25てん）

きず口を〔ふさいで〕、ちが　出るのを　とめたり、〔ばいきん〕が　入って　くるのを　ふせいだり　する。

❷ かさぶたは、どんな　ものですか。（一つ25てん）

きずを〔なおす〕ための、〔たいせつ〕な　もの。

かさぶたの　やく目や、かさぶたが　できた　ときの　きずの　ようすを　せつめいした　うえで、さいごに　かさぶたが　どんな　ものかを　せつめいして　いるよ。

67・68 せつめい文　だいじな　ことを　つかむ　きほん　102・103ページ

67 せつめい文　だいじな　ことを　つかむ

◆つぎの　文しょうを　よんで　こたえましょう。

アブラムシの　ちかくに、アリが　やって　きました。

アブラムシは、おしりから　あまい　しるを　出して、アリに　あげて　います。

アリは　アブラムシを　たべようと　する　テントウムシなどが　ちかづいて　くると、それを　おいはらいます。

このように、アブラムシと　アリは、たすけあって　くらして　いるのです。

❶ アブラムシは、アリに　なにを　あげて　いますか。（一つ30てん）

〔おしり〕から　出す〔あまい〕しる。

❷ 上の　文しょうから、どんな　ことが　わかりますか。（40てん）

アブラムシと　アリが〔たすけあって〕くら……

「アブラムシは、～あげて　います。」と　いう　文を　さがして、よく　よもう。

アブラムシは、アリに　たべものを　あげて、アリは、アブラムシを　てきから　まもって　いるんだね。

だいじな　ことばに　気を　つけて　よむと、その　あとの　せつめいが　より　わかりやすく　なるよ。

ほとんどの　カップめんは、おゆを　入れれば、三ぷんで　できあがります。なぜ　そんなに　はやく　できあがるのでしょうか。

ひみつは、めんに　あります。じつは、めんには　小さな　あなが　たくさん　あいて　います。

この　あなに　おゆが　どんどん　すいこまれ、めんが　やわらかく　なるのです。

（千葉和義　監修『親子で楽しめる！　なぜ？　どうして？　科学の　ふしぎ　一年生』池田書店）

❶ カップめんが　はやく　でき…　ひみつは　なにに　ありますか。（40てん）

〔めん〕

「なぜ　そんなに　はやく　できあがるのでしょうか。」と　いう　といかけの　文の　すぐ　あとを　よもう。

❷ めんは、どのように　やわらかく　なりますか。（一つ30てん）

めんに　あいた　小さな〔あな〕に　おゆが　どんどん〔すいこまれ〕、めんが　やわらかく　なる。

「この　あな」とは、すぐ　まえの　文で　せつめいして　いる、めんに　あいた　小さな　あなの　ことだね。

69 せつめい文 だいじな ことを つかむ れんしゅう 104・105ページ

はじめの ぶぶんを よく よんで、どんな ことを といかけて いるか たしかめよう。

69 せつめい文 だいじな ことを つかむ れんしゅう★★ てん

◆つぎの 文しょうを よんで こたえましょう。

雨が、くもから ふって くるのは、しって いますね。どう やって ふって くるのでしょう。

くもは、小さな 水の つぶや、こおりの つぶが たくさん あつまって できて います。

その 水や こおりの つぶは、くっつきあって だんだんと 大きく なって いきます。

大きく、おもく なった つぶは、その まま うかんで いられなく なり、空から おちて きます。それが 雨なのです。

小さい つぶが あつまる。
大きく なる。
雨に なる。

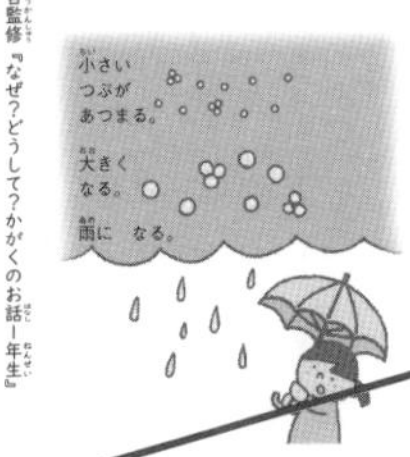

(大山光晴 総合監修『なぜ?どうして?かがくのお話1年生』Gakken)

くもや 雨が どうやって できるのか わかったかな?

1 上の 文しょうでは、なにに ついて せつめいして いますか。( )に ○を つけましょう。(15てん)

( ) 雨が どこから ふって くるのかに ついて。

(○) 雨が どう やって ふって くるのかに ついて。

( ) 雨が どのくらい ふるのかに ついて。

2 くもは どのように して できて いますか。(一つ15てん)

はじめの ぶぶんを よく よもう。

小さな 〔水〕の つぶや、〔こおり〕の つぶが たくさん 〔あつまって〕 できて いる。

3 2の つぶは、どう なって いきますか。(10てん)

〔くっつき〕あって だんだんと 大きく なって いく。

4 大きく、おもく なった つぶは、どう なりますか。(一つ15てん)

その まま 〔うかんで〕 いられなく なり、空から 〔おちて〕 くる。

「水」「こおり」「つぶ」と いう、なんども 出て くる ことばに 気を つけながら よもう。

70 せつめい文 だいじな ことを つかむ れんしゅう 106・107ページ

70 せつめい文 だいじな こ

◆つぎの 文しょうを よんで こたえましょう。

どうぶつの しっぽは いろいろな かたちを して います。そして、その しっぽには、いろいろな やく目が あるのです。

足の はやい チーターは、えものを おいかける とき、しっぽで バランスを とる ことで、すばやく からだの むきを かえる ことが できます。

また、木の 上で くらす クモザルは、しっぽで えだを つかんで ぶら下がる ことが できます。

キリンや ウシは、しっぽを ふって、からだに つく ハエや アブなどの 虫を おいはらいます。

どうぶつの しっぽは、その どうぶつが 生きて いく ために、その くらしに あった やく目を もって いるのです。

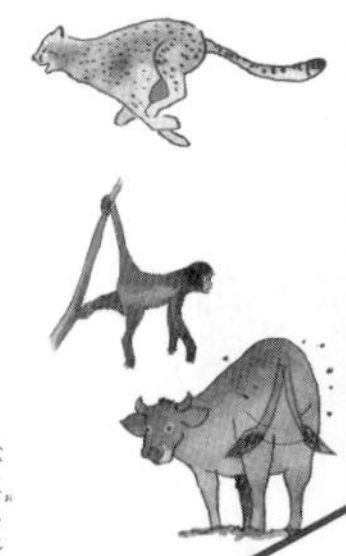

(かき下ろし)

文しょうの おわりで、だいじな ことを まとめて いるよ。

この 文しょうでは、いろいろな どうぶつの しっぽの やく目に ついて せつめいして いるね。

1 上の 文しょうは、どんな ことに ついて せつめいして いますか。(20てん)

どうぶつの 〔しっぽ〕の やく目に ついて。

2 チーターは、しっぽで バランスを とる ことで、どんな ことが できますか。(一つ15てん)

文しょうの 中に なんども 出て くる ことばに 気を つけて よもう。

すばやく からだの 〔むき〕を 〔かえる〕

「クモザル」と いう ことばが ある 文を よく よもう。

3 クモザルは、しっぽで どんな ことが できますか。( )に ○を つけましょう。(20てん)

( ) バランスを とって、木から とびおりる ことが できる。

( ) からだに つく 虫を おいはらう ことが できる。

(○) 木の えだを つかんで ぶら下がる ことが できる。

4 どうぶつの しっぽは、どんな やく目を もって いますか。(一つ15てん)

その どうぶつが 〔生きて〕 いく ために、その 〔くらし〕に あった

「やく目を もって いる」と いう ことばを さがして、その 文を よく よもう。

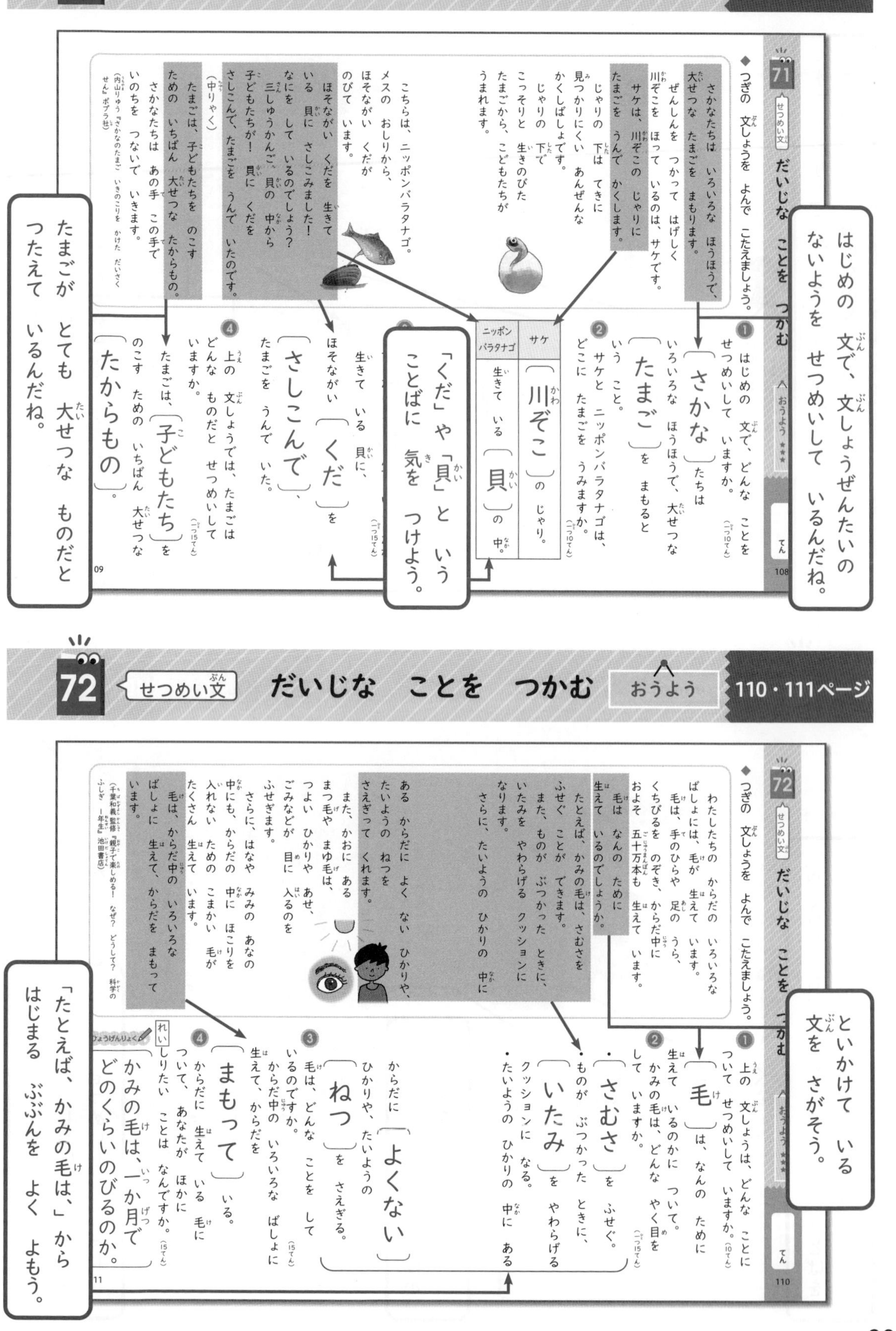

71 せつめい文 だいじな ことを つかむ おうよう 108・109ページ

71 せつめい文 だいじな ことを つかむ おうよう ★★★ てん

◆つぎの 文しょうを よんで こたえましょう。

さかなたちは いろいろな ほうほうで、大せつな たまごを まもります。

ぜんしんを つかって はげしく 川ぞこを ほって いるのは、サケです。

サケは、川ぞこの じゃりに たまごを うんで かくします。

じゃりの 下は てきに 見つかりにくい あんぜんな かくしばしょです。

こっそりと 生きのびた たまごから、こどもたちが うまれます。

こちらは、ニッポンバラタナゴ。

メスの おしりから、ほそながい くだが のびて います。

ほそながい くだを 生きて いる 貝に さしこみました！ なにを して いるのでしょう？

三しゅうかんご、貝の 中から 子どもたちが！ 貝に くだを さしこんで、たまごを うんで いたのです。

（中りゃく）

たまごは、子どもたちを のこす ための いちばん 大せつな たからもの。

さかなたちは あの手 この手で いのちを つないで いきます。

（内山りゅう『さかなのたまご いきのこりを かけた だいさくせん』ポプラ社）

1 はじめの 文で、どんな ことを せつめいして いますか。（一つ10てん）

〔さかな〕たちは いろいろな ほうほうで、大せつな 〔たまご〕を まもると いう こと。

2 サケと ニッポンバラタナゴは、どこに たまごを うみますか。（一つ10てん）

サケ	〔川ぞこ〕の じゃり。
ニッポンバラタナゴ	生きて いる 〔貝〕の 中。

3 …生きて いる 貝に、ほそながい 〔くだ〕を 〔さしこんで〕、たまごを うんで いた。（一つ15てん）

4 上の 文しょうでは、たまごは どんな ものだと せつめいして いますか。（一つ15てん）

たまごは、〔子どもたち〕を のこす ための いちばん 大せつな 〔たからもの〕。

はじめの 文で、文しょうぜんたいの ないようを せつめいして いるんだね。

「くだ」や「貝」と いう ことばに 気を つけよう。

たまごが とても 大せつな ものだと つたえて いるんだね。

72 せつめい文 だいじな ことを つかむ おうよう 110・111ページ

72 せつめい文 だいじな ことを つかむ おうよう ★★★ てん

◆つぎの 文しょうを よんで こたえましょう。

わたしたちの からだの いろいろな ばしょには、毛が 生えて います。

毛は、手のひらや 足の うら、くちびるを のぞき、からだ中に およそ 五十万本も 生えて います。

毛は なんの ために 生えて いるのでしょうか。

たとえば、かみの毛は、さむさを ふせぐ ことが できます。

また、ものが ぶつかった ときに、いたみを やわらげる クッションに なります。

さらに、たいようの ひかりの 中に ある からだに よく ない ひかりや、たいようの ねつを さえぎって くれます。

また、かおに ある まつ毛や まゆ毛は、つよい ひかりや あせ、ごみなどが 目に 入るのを ふせぎます。

さらに、はなや みみの あなの 中にも、からだの 中に ほこりを 入れない ための こまかい 毛が たくさん 生えて います。

毛は、からだ中の いろいろな ばしょに 生えて、からだを まもって います。

（千葉和義 監修『親子で楽しめる！ なぜ？ どうして？ 科学の ふしぎ 一年生』池田書店）

1 上の 文しょうは、どんな ことに ついて せつめいして いますか。（10てん）

〔毛〕は、なんの ために 生えて いるのかに ついて。

2 かみの毛は、どんな やく目を して いますか。（一つ15てん）

・〔さむさ〕を ふせぐ。

・ものが ぶつかった ときに、〔いたみ〕を やわらげる クッションに なる。

・たいようの ひかりの 中に ある からだに 〔よくない〕 ひかりや、たいようの 〔ねつ〕を さえぎる。

3 毛は、どんな ことを して いるのですか。（15てん）

からだ中の いろいろな ばしょに 生えて、からだを 〔まもって〕 いる。

4 ひょうげんりょく からだに 生えて いる 毛に ついて、あなたが ほかに しりたい ことは なんですか。（15てん）

れい かみの毛は、一か月で どのくらい のびるのか。

とい かけて いる 文を さがそう。

「たとえば、かみの毛は、」から はじまる ぶぶんを よく よもう。

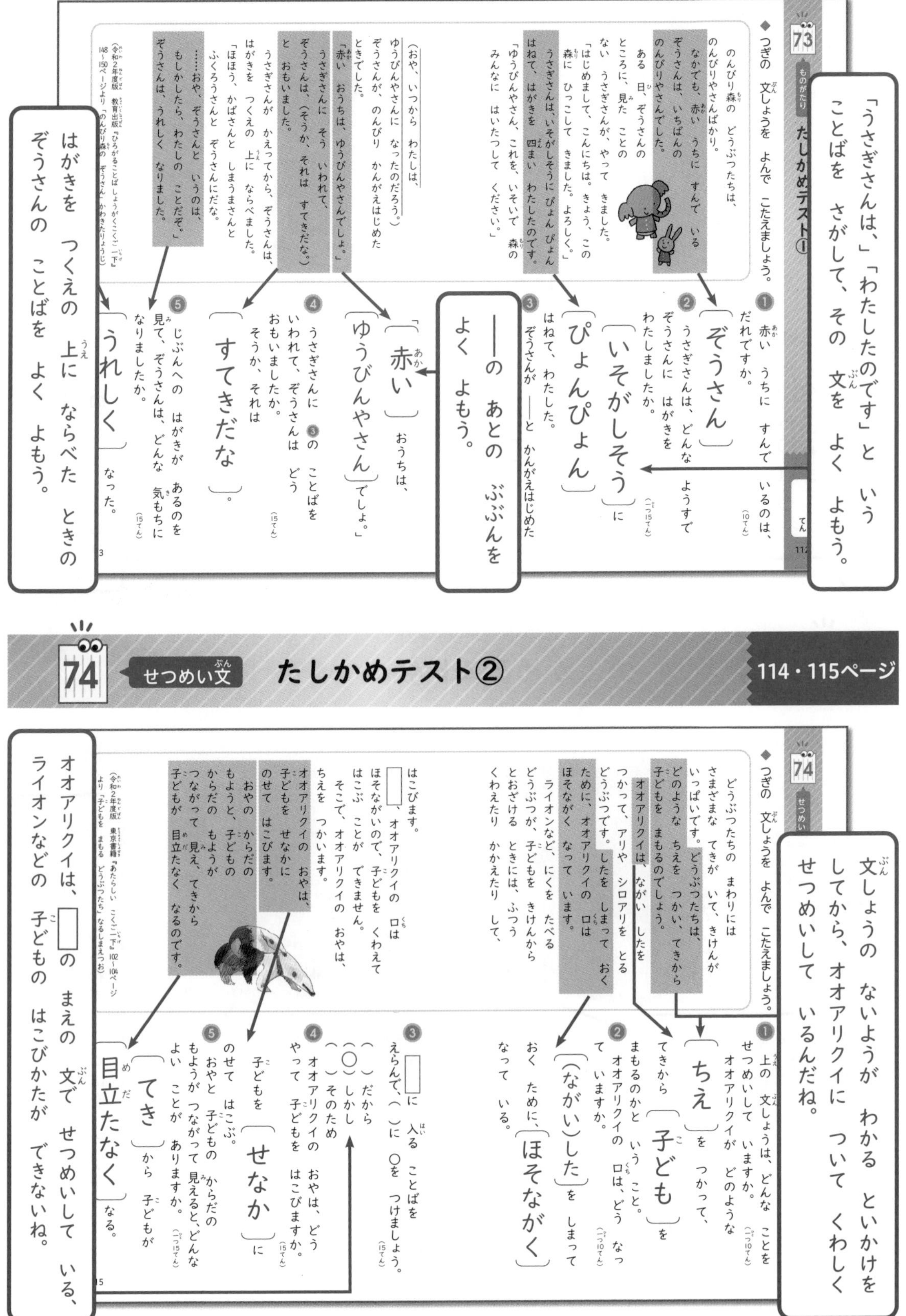

73 ものがたり たしかめテスト①

112・113ページ

「うさぎさんは、」「わたしたのです」と いう ことばを さがして、その 文を よく よもう。

◆つぎの 文しょうを よんで こたえましょう。

のんびり森の どうぶつたちは、のんびりやさんばかり。

なかでも、赤い うちに すんで いる ぞうさんは、いちばんの のんびりやさんでした。

ある 日、ぞうさんの ところに、見た ことの ない うさぎさんが、やって きました。

「はじめまして、こんにちは。きょう、この 森に ひっこして きました。よろしく。」

うさぎさんは、いそがしそうに ぴょん ぴょん はねて、はがきを 四まい わたしたのです。

「ゆうびんやさん、これを、いそいで 森の みんなに はいたつして ください。」

（おや、いつから わたしは、ゆうびんやさんに なったのだろう。）

ぞうさんが、のんびり かんがえはじめた ときでした。

「赤い おうちは、ゆうびんやさんでしょ。」

うさぎさんに そう いわれて、ぞうさんは、（そうか、それは すてきだな。） と おもいました。

うさぎさんが かえってから、ぞうさんは、はがきを つくえの 上に ならべました。

「ほほう、かばさんと しまうまさんと ふくろうさんと ぞうさんにだな。

……おや、ぞうさんと いうのは、もしかしたら、わたしの ことだぞ。」

ぞうさんは、うれしく なりました。

（令和2年度版 教育出版『ひろがることば しょうがくこくご 二下』148～150ページより「のんびり森の ぞうさん」かわきたりょうじ）

1 赤い うちに すんで いるのは、だれですか。（10てん）
〔ぞうさん〕

2 うさぎさんは、どんな ようすで ぞうさんに はがきを わたしましたか。（一つ15てん）
〔いそがしそう〕に 〔ぴょんぴょん〕 はねて、わたしました。

3 ぞうさんが ――と かんがえはじめた
「〔赤い〕 おうちは、〔ゆうびんやさん〕でしょ。」

――の あとの ぶぶんを よく よもう。

4 うさぎさんに ③の ことばを いわれて、ぞうさんは どう おもいましたか。（15てん）
そうか、それは 〔すてきだな〕。

5 じぶんへの はがきが あるのを 見て、ぞうさんは、どんな 気もちに なりましたか。（15てん）
〔うれしく〕 なった。

はがきを つくえの 上に ならべた ときの ぞうさんの ことばを よく よもう。

74 せつめい文 たしかめテスト②

114・115ページ

文しょうの ないようが わかる といかけを してから、オオアリクイに ついて くわしく せつめいして いるんだね。

◆つぎの 文しょうを よんで こたえましょう。

どうぶつたちの まわりには さまざまな てきが いて、きけんが いっぱいです。どうぶつたちは、どのような ちえを つかい、てきから 子どもを まもるのでしょう。

オオアリクイは、ながい したを つかって、アリや シロアリを とる どうぶつです。したを しまって おく ために、オオアリクイの 口は ほそながく なって います。

ライオンなど、にくを たべる どうぶつが、子どもを きけんから とおざける ときには、ふつう くわえたり かかえたり して、はこびます。

□、オオアリクイの 口は ほそながいので、子どもを くわえて はこぶ ことが できません。

そこで、オオアリクイの おやは、ちえを つかいます。

オオアリクイの おやは、子どもを せなかに のせて はこびます。

おやの からだの もようと、子どもの からだの もようが つながって 見え、てきから 子どもが 目立たなく なるのです。

（令和2年度版 東京書籍『あたらしい こくご 二下』102～104ページより「子どもを まもる どうぶつたち」なるしまえつお）

1 上の 文しょうは、どんな ことを せつめいして いますか。（一つ10てん）
オオアリクイが どのような 〔ちえ〕を つかって、てきから 〔子ども〕を まもるのかと いう こと。

2 オオアリクイの 口は、どう なって いますか。（一つ10てん）
〔（ながい）した〕を しまって おく ために、〔ほそながく〕 なって いる。

3 □に 入る ことばを えらんで、（ ）に ○を つけましょう。（15てん）
（ ）だから
（○）しかし
（ ）そのため

4 オオアリクイの おやは、どう やって 子どもを はこびますか。（15てん）
子どもを 〔せなか〕に のせて はこぶ。

5 おやと 子どもの からだの もようが つながって 見えると、どんな よい ことが ありますか。（一つ15てん）
〔てき〕から 子どもが 〔目立たなく〕 なる。

オオアリクイは、□の まえの 文で せつめいして いる、ライオンなどの 子どもの はこびかたが できないね。

75 ものがたり　たしかめテスト③　116・117ページ

「思いました」「考えました」と　いう　ことばを　さがして、それぞれの　文の　まえに　ある「　」の　文を　よもう。

◆つぎの　文しょうを　よんで　こたえましょう。

王さまは、なにも　する　ことが　なくて、さっきから、一時間も、まどから　にわを　ながめて　いました。

にわに、木が　ありました。木には、小鳥の　すが　ありました。ときどき、おや鳥が、えさを　くわえて　きます。

ひな鳥は、いっせいに、口を　あけて、えさを　ほしがりました。

「たのしそうだな。」

王さまは、そう　思いました。

「おいしそうだな。」

王さまは、そう　考えました。

考えると、もう、じっと　しては　いられない　王さまです。すぐに、大臣を　よんで、いいつけました。

「これ、大臣。おしろの　中で、一ばん　ふとい、一ばん　高い、木の　てっぺんに、ベッドを　つくれ。」

「は、はあ？」

「いいから、つくれ。すぐ、つくれ。ぼくは、今から　そこに　ねる。そこで、たまごやきを　三こ　たべるぞ。いいか。」

しかたなく、大臣は、兵隊に　いいつけて、おしろの　中で　一ばん　ふとい、一ばん　高い　木の　上に、ベッドを　つくらせました。

いくら　ふとい　木でも、風が　くると、ゆらゆら　ゆれます。こわい　こと、こわい　こと。

おっかなびっくりで、ベッドが　できあがりました。


（寺村輝夫「木の上にベッド」『おしゃべりなたまごやき』理論社）

1 小鳥の　すに　いる　ひな鳥は、どんな　ようすでしたか。（15てん）
いっせいに、〔口をあけて〕、えさを　ほしがった。

2 ひな鳥の　ようすを　見て、王さまは　どんな　ことを、思ったり　考えたり　しましたか。（一つ15てん）
・「〔たのしそうだな〕。」と　思った。
・「〔おいしそうだな〕。」と　考えた。

3 王さまは、大臣に　どんな　ことを　いいつけましたか。（一つ10てん）
おしろの　中で、一ばん　ふとい、一ばん　高い、木の〔てっぺん〕に、〔ベッド〕を　つくる　こと。

4 王さまは、木の　上の　ベッドで　なにを　すると　いいましたか。（一つ10てん）
今から　そこに〔ねる〕。
そこで、〔たまごやき〕を　三こ　たべる。

5 おしろの　中で　一ばん　ふとい、一ばん　高い　木の　上の　ベッドは、風が　くると、どんな　ようすでしたか。（15てん）
〔ゆらゆらゆれる〈ゆらゆらゆれます〉〕。

117

王さまの　ことばを　よく　よもう。

76 せつめい文　たしかめテスト④　118・119ページ

「まえの　年の　なつ」「いま」と　いう、じかんを　あらわす　ことばや、「〇センチメートル」と　いう、大きさを　あらわす　ことばを　さがそう。

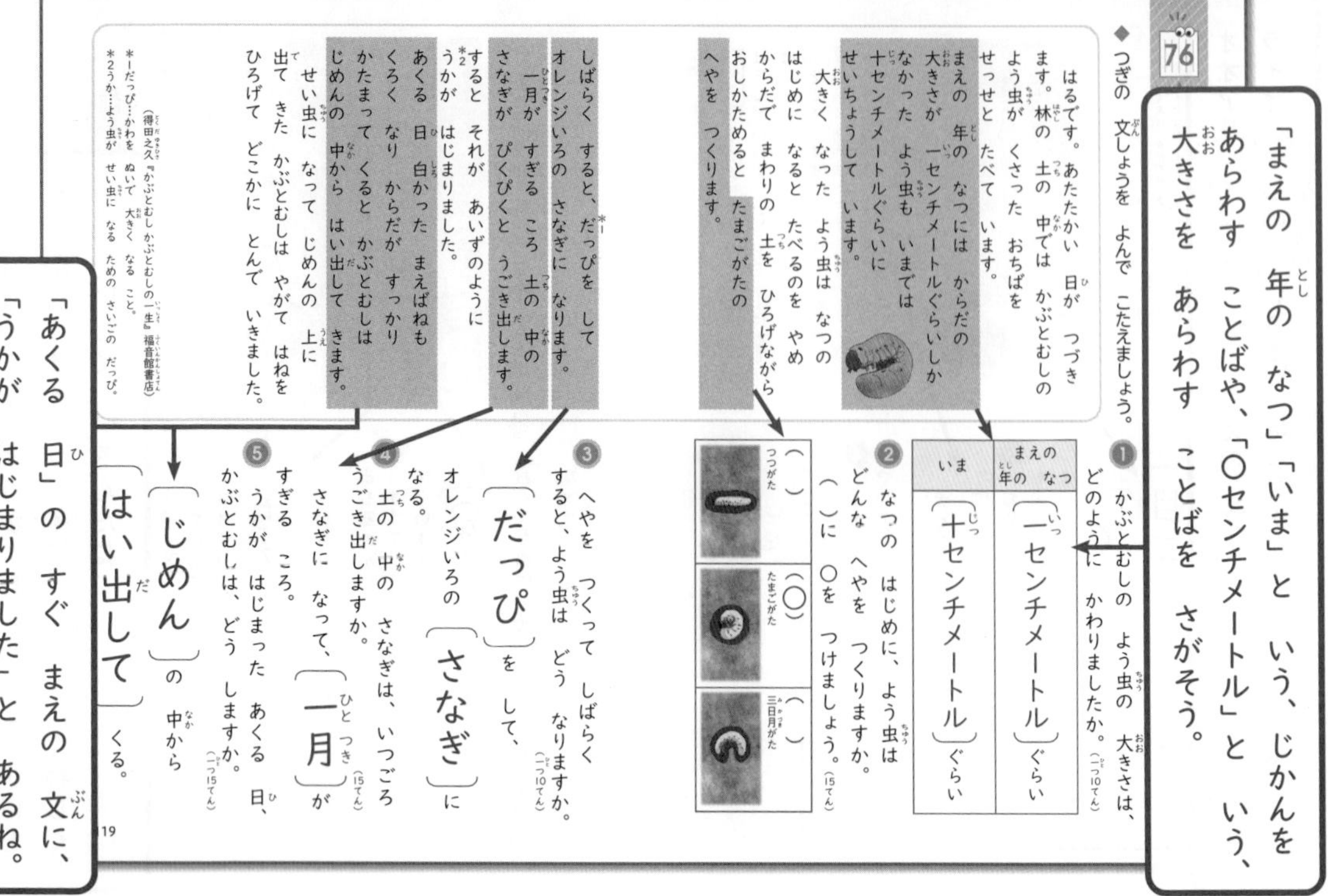

◆つぎの　文しょうを　よんで　こたえましょう。

はるです。あたたかい　日が　つづきます。林の　土の　中では　かぶとむしの　よう虫が　くさった　おちばを　せっせと　たべて　います。
まえの　年の　なつには　からだの　大きさが　一センチメートルぐらいしか　なかった　よう虫も　いまでは　十センチメートルぐらいに　せいちょうして　います。
大きく　なった　よう虫は　なつの　はじめに　なると　たべるのを　やめ　からだで　まわりの　土を　ひろげながら　おしかためると　たまごがたの　へやを　つくります。
しばらく　すると、だっぴ＊1を　して　オレンジいろの　さなぎに　なります。
一月が　すぎる　ころ　土の　中の　さなぎが　ぴくぴくと　うごき出します。
すると　それが　あいずのように　うか＊2が　はじまりました。
あくる　日　白かった　まえばねも　くろく　なり　からだが　すっかり　かたまって　くると　かぶとむしは　じめんの　中から　はい出して　きます。
せい虫に　なって　じめんの　上に　出て　きた　かぶとむしは　やがて　はねを　ひろげて　どこかに　とんで　いきました。

（得田之久『かぶとむし　かぶとむしの一生』福音館書店）

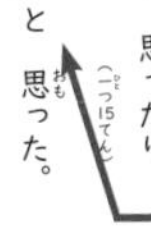

＊1だっぴ…かわを　ぬいで　大きく　なる　こと。
＊2うか…よう虫が　せい虫に　なる　ための　さいごの　だっぴ。

1 かぶとむしの　よう虫の　大きさは、どのように　かわりましたか。（一つ10てん）

まえの年の　なつ	いま
〔一センチメートル〕ぐらい	〔十センチメートル〕ぐらい

2 なつの　はじめに、よう虫は　どんな　へやを　つくりますか。（　）に　○を　つけましょう。（15てん） 
つつがた（　）　たまごがた（○）　三日月がた（　）

3 へやを　つくって　しばらく　すると、よう虫は　どう　なりますか。（一つ10てん）
〔だっぴ〕を　して、オレンジいろの〔さなぎ〕に　なる。

4 土の　中の　さなぎは、いつごろ　うごき出しますか。（15てん）
さなぎに　なって、〔一月〕が　すぎる　ころ。

5 うかが　はじまった　あくる　日、かぶとむしは、どう　しますか。（一つ15てん）
〔じめん〕の　中から〔はい出して〕くる。

119

「あくる　日」の　すぐ　まえの　文に、「うかが　はじまりました」と　あるね。